Johann Georg Meufel

Miscellaneen artistischen Innhalts

Johann Georg Meufel

Miscellaneen artistischen Innhalts

ISBN/EAN: 9783743486911

Hergestellt in Europa, USA, Kanada, Australien, Japan

Cover: Foto ©ninafisch / pixelio.de

Manufactured and distributed by brebook publishing software
(www.brebook.com)

Johann Georg Meufel

Miscellaneen artistischen Innhalts

Miscellaneen

artistischen Innhalts.

Herausgegeben

von

Johann Georg Meusel,

Hochfürstlich-Brandenburgischem und Quedlinburgischem
Hofrathe, ordentlichen Professor der Geschichtkunde auf
der Universität zu Erlangen, und Mitgliebe
einiger Akademien.

Ein und zwanzigster Heft.

Erfurt,
im Verlag der Keyserschen Buchhandlung
1 7 8 4.

Weil mich noch immer Künstler und Kunstlieb=
haber mit ihren Briefen in Erfurt aufsu=
chen; so sehe ich mich, zur Verhütung meh=
rerer Inkonvenienzen, genöthiget, meinem
Namen in den Aufschriften dieses und der
künftigen Hefte meinen Charakter und Auf=
enthalt beyzufügen.

Meusel.

Noch etwas, über das Grabmahl des Marschalls von Sachsen. *)

Ich bin, im Ganzen, vollkommen Herrn Elwerts Meinung; Hr. Schlosser, so gesund sein Auge sonst ist, sah hier nicht, was Er sehen konnte; die Ursache davon finde ich eben so leicht, wie sie Hr. Elwert zu finden scheint, in einem Vorurtheil gegen die gallische Nation. Die tägliche Erfahrung liefert die sichersten Belege, wie falsch wir oft sehen, wenn Vorliebe, oder Vorurtheil, unsern Gesichtspunkt bestimmt, den die Liebe der Wahrheit doch nur allein bestimmen sollte. Der Innbegrif des Monuments ist folgender, wie ich glaube. Der Tod erscheint, und kündigt dem Marschall, theils durch das, etwas empor gehobene Stundenglas, theils durch Emporhebung des Sargdeckels mit der andern Hand, an, sein Glaß sey ausgelaufen, das Ziel seines Lebens vollendet. Dem Tod gegen über, traurt die Tapferkeit, in der Gestalt des Herkules, über den Verlust des Helden. Der Marschall selbst, unerschrocken, männlich, mit Würde, unterwirft sich dem Wink des Todes, tritt die Stufe herab, um dem Sarg sich zu nähern, um sich — schlafen zu legen. Zu seinen Füssen liegt Frankreichs Schutzgeist, und sucht ihn, mit aller Macht, von diesem, Frankreich so fürchterlichen Schritt,

J 2   abzu‑

abzuhalten. Der Körper dieser weiblichen Figur, ist
etwas gegen den Tod herabgebogen. Ihr Blick, (ei=
ne Mischung von Indignation und Schmerz) ist auf
ihn geheftet, so streckt sich auch die linke Hand ge=
gen ihn aus, — um den Tod zurück zu halten. An
Ihrer Seite stürzt ein weinender Genius des Lebens,
(es kann kein anderer seyn, als des Marschalls sein
eigener) eine brennende Fakel, sein Blick ist auf den
Helden gerichtet, und er kann mit demselben nichts
anders sagen wollen, als was der Schutzgeist sagt.
Zur Bestimmung der Thaten und Größe des Helden,
liegen ihm zur andern Seite, die Mächte die er be=
siegt, durch ihre Wappen kenntlich gemacht. Attribu=
te, die ihm so nothwendig, nach aller Billigkeit ge=
hören, daß ich ohnmöglich Schlossern beypflichten kann,
wenn er sie für nichts als Beweise des französischen
Stolzes hält; — ja überdem glaube ich, gehören sie,
als Bestandtheile zur Erklärung der ganzen Vorstellung,
und des Plans des Künstlers. Ueberhaupt und im
Ganzen, dünkte mir also, wäre hier alles groß, alles
gedacht, alles planmäßig; — eine edle Einförmig=
keit in der Mannigfaltigkeit. Dieß Grundgesetz des
Künstlers, diese Quelle der sinnlichen Schönheit —
eine Uebereinstimmung der Theile unter sich und zum
Ganzen. Keine Ueberladung, keine Verwirrung,
(dieser hätte der Künstler ohnedem, durch seine weise
Abstufung schon vorgebaut). Keine Figur durfte feh=
len! immer eine ist um der andern willen da, immer
eine die Erklärerinn der andern! Monument sollte es
seyn, nicht Bildsäule; der Held, als einzelne Figur
war unkenntlich! eine der schönsten Ideen wäre denn
dabey verlohren gegangen; — Die Thräne, die ihm
Frankreich zollte. Die Gruppirung idealischer (der

Schutz=

Schutzgeiſt Frankreichs, und der Genius des Helden)
allegoriſcher (der Herkules) und würklicher Figuren
(der Held, und vielleicht der Tod) kann ich alſo nicht
mit Recht und Fug tadlen, da ich ſie, indem ich den
Plan des Artiſten billigte, ſchon ſtillſchweigend aner-
kannte. Allein, ſo ſehr ich im Ganzen das richtige
Urtheil Hrn. Elwerts unterſchreibe, ſo wenig bin ich
mit den Zwey unterſten Figuren, dem Herkules und
dem Tod zanz zufrieden. Man glaube nicht, daß ich
mir widerſpreche, denn bisher war blos von dem
Plan, Ordnung und Stellung die Rede, von der
Vollkommenheit des Ganzen! Man glaube nicht, ich
wollte mich zum Richter aufwerfen; ich hätte keine andere Abſicht, als zu tadlen. Nicht um Pigals, ſondern um des jungen Künſtlers willen, will ich folgende Bemerkungen niederſchreiben. Möchte er ſie, für
Fingerzeiche halten.

Herkules. Der Artiſt mußte gerade den Charakter durch ihn haben ausdrücken wollen, der am al-
lergemeinſten anerkannt iſt; hier kann ſchlechterdings
keine Miſchung des Charakters in Betracht kommen!
Denn wär' Herkules für unſern Artiſten, blos das
Symbol der Tapferkeit geweſen! Und das iſt er! Aber
wozu eine Idee, die im ganzen Werk dreymahl wie-
derholt vorkommt? Ueberhaupt glaube ich, hätte der
Artiſt ſeinem Helden ein größeres Compliment gemacht,
wenn er dieſe Idee der Tapferkeit, blos auf dem Da-
ſeyn ſeines Helden hätte beruhen laſſen; wenn er es
dem Seher überlaſſen hätte, dieſe Idee, aus ſich ſelbſt
zu aſſociiren; dieß konnte in einem ſolchen Fall, wie
dieſer iſt, nicht ſchwehr ſeyn. Doch der Held wird
überdem noch, auf Seiten ſeiner Tapferkeit ausgezeichnet, durch die Wappenbilder, der von ihm überwun-

J 3   denen

benen Mächte; durch diese, ihm zur Seiten liegende
Löwen und Adler; und nun beruhete ohnedem dieser
Begrif nicht mehr auf der blosen Idee, die der Se=
her seiner sinnlichen Perception zugesellte; — und
sehr leicht und natürlich zugesellen könnte. Wozu
also noch Herkules? Wenn Muth mit Menschlich=
keit gepaart, erst den ganzen Charakter des großen
Helden ausmachen, so ist es mir in der That leid,
daß die letztere hier ganz verlohren gegangen ist! (es
müßte denn seyn, daß der Künstler seinem Helden die=
se Tugend nicht mit guten Gewissen hätte beylegen
können.) Frankreichs Schutzgeist, der den Helden zu=
rück halten will, kann nicht die geringste Beziehung
auf diese Tugend haben; denn Frankreich mußte im=
mer mehr an der Tapferkeit, als an der Menschlich=
keit seines Helden gelegen seyn. Da also der Held
selbst, sein bester Commentator wäre, da der Begrif
seiner Tapferkeit überdem noch durch die Wappen
der von ihm überwundenen Mächte kenntlich gemacht
wird, so wünschte ich an die Stelle des Herkules, den
Genius der Menschlichkeit, den Genius der Liebe!
Mich dünkt, der Held würde für die Nachwelt beson=
ders, unendlich dadurch gewonnen haben! Zudem hät=
te dies Monument alsdenn dem Seher eine man=
nigfaltigere süßere Beschäftigung des Geistes gewährt!
Vielleicht hätte Pigal nebenher noch dadurch Frank=
reich ein Compliment gemacht.

Der Tod. Pigal kannte ganz gewiß so gut
wie ich den schönen Tod der Griechen, den Zwillings=
bruder des Schlafs. Warum nahm er ihn nicht,
statt des Knochenmanns? „Er war nicht kenntlich zu
machen.” Warum nicht? Warum hier weniger als
sonst irgendwo? Er ist kenntlich durch sich selbst! wo

er

er immer seyn mag, ist er schon selbst sein eigener Er=
klärer, denn er ist nirgends da, als wo man ihn schon
erwartet; wo man ihn vermissen würde, wenn man
ihn nicht fände; hier zumal hätte ihn der ganze Plan
des Künstlers noch kenntlicher gemacht, und der Plan
ist doch, denke ich anschauend. Aber noch mehr;
sein kenntliches Attribut ist seine gestürzte Fakel; und
der Genius des Marschalls, der an der Seite von
Frankreichs Schutzgeist, weineud eine brennende Fa=
kel hält, hätte ihm diese Fakel leihen mögen! Er
brauchte sie alsdenn nicht mehr, seiner Kenntlichkeit
ohnbeschadet; denn — ein Genius mußte er seyn,
und er konnte kein anderer seyn, als des Marschalls
seiner. Und könnte denn dieser Tod nicht mit eben
dem Grunde, überdieß noch, das ausgelaufene Stun=
denglaß in seiner Hand halten, mit welchem es jetzt
der unedlere Tod hält? Diese Art der Vorstellung
wäre zwar neu, und nicht bestätigt, aber dadurch
um nichts schlimmer; denn sie liegt in der Natur der
Sache. Aber wird man sagen, der Tod wie er da
ist, ist beynahe ganz in ein Tuch gehüllt, und er
sicherte, er verwahrt uns dadurch für den Empfindun=
gen des Ekels und des Schauderns, um welcher wil=
len wir ihn verabscheuen, um welcher willen er gerade
nicht da seyn sollte! Wäre dieß, so könnte er uns auch
nicht an der ruhigen theilnehmenden Ueberschauung
und Zergliederung des Ganzen stöhren. Wahr! er
ist verhüllt! aber nicht so sehr, als er es seyn müßte,
und mehr verhüllt, würde er unkenntlich geworden
seyn. Es ist ferner eine Erfahrung, daß uns ein Ge=
wand oft um so mehr sehen läßt, je mehr es ver=
bergen will, kraft der Associazion der Ideen; haupt=
sächlich in den zwey Fällen; wenn wir zu gewinnen

oder

oder zu verlieren glauben; bey der sinnlichen Wolluft,
— bey der Furcht. Kurz der Tod, wie er da ist,
scheint mir nicht edel genug zu seyn; eine Bemerkung,
die Pigal zuerst schon muß gemacht haben! Denn sonst
hätte er ihn durch die Hülle nicht zu veredlen gesucht;
er hat seine Absicht nur zur Hälfte höchstens erreicht;
denn er hat durch die Hülle des Gewands, die Art
seines Todes nicht unkenntlich gemacht. Durch die
Wahl des edlern Todes der Griechen, hätte der Ar-
tist, glaube ich, zwey Vortheile erhalten. 1) Er
hätte uns gerade vor der fürchterlichsten Vorstellung
des Todes verwahret; nemlich der, von Vermoderung;
eine Vorstellung, die mit dem Anblik des Knochenmanns, unzertrennlich verbunden ist. Er hätte unse-
rer Selbstliebe durch das angenehme Bild des Schlafs
geschmeichelt, und uns überhaupt dadurch einer ru-
higern, Wonnevollern Zergliederung der Schönheiten
des Grabmahls fähiger gemacht. 2) Er hätte alsdenn seinen Tod, mit mehr Wahrheit, handelnd
vorstellen können. Pigals Tod, das Gerippe, handelt auch; er eröfnet den Dekel des Sargs; er ruft
dem Helden, durch das etwas empor gehobene Stundenglas: Allein — er handelt wider alles Gefühl der
Wahrscheinlichkeit, der Wahrheit! wir kennen ihn zu
gut; unser Herz straft ihn in dem Augenblick lügen;
um handeln zu können, müßte er Genius seyn. Handelnd, so wie er da ist, ist er nie von der verständi-
gen Kunst vorgestellt worden. Es müßte denn seyn,
im komischen; zur Erhöhung der lachenden Laune.
So läßt ihn freylich Holbein, in seinem Todentanz
erscheinen; allein Holbein malte auch einen Christus in
der Fäulniß. Wie aber, wenn dieser bessere Tod,
sein Stundenglas, wenn er nicht einmahl seine um-
gestütz-

geftützte Fakel hätte; wenn ihm feine Attribute, die
Zeichen feiner Kenntlichkeit fehlten? — Was könnte
er denn feyn? — Was müßte er nach dem faßlichen
Plan des Ganzen feyn können? Nur zweyerley; ents
weder der **Schlaf** oder der **Schutzgeift** des Helden.
(Denn wäre freylich der andere überflüßig) — und
wenn er eins von beyden wäre, was wäre alsdenn vers
lohren, in Abficht der **Deutlichkeit** der Handlung
felbft? Denn auf fie käme hier alles an. Verlohren
könnte nichts feyn; aber die **Würde** der Handlung
würde dadurch noch gewinnen. Der **Schlaf** wäre
im erftern Fall ein Bild, das den **Thaten** des Hels
den würdiger entfpräche, als **Verwefung**; und im
zweyten Fall, würde uns der **Schutzgeift** des Helden
auf die angenehme, rührende Idee hinführen, daß
alle unfere Tage, unter der Regierung eines weis
fen und guten Gottes ftünden. Es ift augens
fcheinlich, wie fehr unferm Herzen, in beyden Fällen
gefchmeichelt würde. Pigals Tod erinnert mich nur
an unvermeidliche Nothwendigkeit; eine Vorftels
lung, die ich lieber nicht haben, als haben möchte.
Freylich fo lange Pigal den Herkules zu feinen Ges
genbild nothwendig hielt, mußte ihn die Wahl dies
fes Genius in Verlegenheit fetzen; denn die Figuren
hätten alsdenn unter fich zu wenig Verhältniß gehabt,
und ihre Abftufung wäre zu merklich gewefen. Diefe
auffallende Abftufung würde freylich auch immer ges
blieben feyn; wenn der Künftler feinen Herkules, in
den Genius der Menfchlichkeit verwandelt hätte! Die
ganze Gruppe hätte denn anders vertheilt werden müf
fen; wobey das Ganze verlohren hätte. Dieß wären
demnach einige meiner Gedanken, über ein Werk,
das ich zu den vollkommenen rechne; weil die Sums

me

me seines guten, die kleinere seiner Fehler, (und vielleicht sind sie es blos in meinen Augen) unendlich
überwiegt! — Gedanken, die ich, wie ich Hrn. Elwert gerne zugebe, nicht in dem Augenblick gedacht
haben würde, (und auch nicht hätte denken mögen)
da ich vor Pigals Monument stunde; — alsdenn hätte mich, der antikischkorrekte Körper des Herkules,
und das im grosen Geschmack gefaltete und gebrochene
Gewand des Todes, schadlos gehalten; — wenigstens
in den ersten Momenten der Anschauung.

C. L. Junker.

<hr />

2.
Von malerischer Täuschung.

<hr />

Zeuxis.

Der hat sogar die Thier betrogen,
Da war Natur, Natur!
Doch für die Trauben nur;
Die Vögel wären nicht geflogen,
Wenn ihnen menschliche Figur,
Wie ein gemaltes Bild'gen nur,
Nicht ganz erschienen wär.
Sie flogen aber her,
Dieß zeigt, daß Täuschung nur,
Zum Nachtheil für die Hauptfigur
In Trauben war,
ganz hell und klar.

Die Hauptfigur die mußte trügen,
Wenn er den Vorzug follte kriegen.

Etwas ließe fich doch indeß dagegen einwenden!
Nemlich Rückficht auf den befondern Zweck des
Malers. Man müßte vor allen Dingen fragen, was
der Maler, nach feiner befondern Abficht, zur Haupt=
figur könnte gemacht haben, und die Täufchung felbft,
müßte denn hierüber entfcheiden. Wie wenn nun ge=
rade die Trauben, diefe Hauptfigur hätten feyn follen?
Wenn es gerade Zeuris Abficht gewefen wäre, die
Vögel zu täufchen; um vielleicht, auf ein defto un=
partheiifcheres Urtheil rechnen zu können? Was wä=
re natürlicher, als daß fich alsdenn der ganze Ge=
fichtspunkt veränderte? Denn wäre der Erfolg, Er=
klärung der Abficht des Malers; und diefe Abficht,
Beftimmung der Hauptfigur. Den höchften Grad
der Täufchung hatte der Maler abgezweckt, dieß ift
offenbahr! Er konnte ihn nur in zwey Gegenftände
legen, entweder in den Knaben, oder in die Trau=
ben; dies ift eben fo offenbar. In welchen nun?
In den Knaben? Denn wären natürlich die Vö=
gel nicht herzugeflogen. Aber dies Nichtherzuflie=
gen, konnte in Abficht der Vögel, kein Beweiß für
die Täufchung feyn! Denn fie müßten aus Furcht
nicht herzugeflogen feyn; wo wäre aber das kleinfte
Datum, durch das man, dieß Nichtherzufliegen
auf das Princlpium der Furcht zurück führen könnte.
Oder vielleicht follte der Knabe Hos für die Zufchauer
täufchend feyn? Aber denn hätte er Porträt feyn
müffen, und das war er nicht! und alfo hieße dieß,
fein Ideal nicht nur allein überfpannen, fondern auch
dem Maler Abfichten zumuthen, die er wahrfcheinlich
nicht

nicht haben konnte! Er hätte denn auf Seiten der menfchlichen Figur, und der Trauben zugleich, und in gleichen Grad täufchen wollen. Aber freylich Zeuris felbft macht uns einen verzweifelten Queer= ftrich durch die Rechnung; und es ift feiner Sophifte= rey beynahe nicht zu vergeben, denn er ärgerte fich felbft über den Knaben. Ließe fich der Grad der Täu= fchung, durch die Art des getäufchten Subjekts, zu= verläßig beftimmen, fo hätte freylich nach Plinii Zeug= niß, Parrhafius einen höhern Grad von Täufchung hervor gebracht; und Zeuris felbft, gab dem gemalten Vorhang „den er fich endlich einmal wegzuziehen fpöt= tifch ausbat” den Vorzug. Er beftimmte alfo den Grad der Täufchung nach der Art des getäufchten Sub= jekts; er feßte, als angenommenen Grundfaß voraus: Das Objekt, das den Menfchen täufcht; muß einen höhern Grad von Täufchung haben, als das, das bloß das Thier täufcht; Aber er konnte die Frage vor= her noch nicht aufgeworfen haben; welches, unter beyden Subjekten, mehr, welches weniger, der Täu= fchung fähig feye, welches mehr, welches weniger er= fordre, um getäufcht zu werden? Zudem war der Fall hier gar nicht intrikat; Parrhafius Vorhang ge= hörte gerade unter die Gattung von Objekten, die am leichteften Täufchung annehmen. Leute, die im prak= tifchen der Malerey felbft etwas gethan haben, die wiffen, zu welchen hohen Grad von Bettrug für das Auge, man Basreliefe von Farb in Farb herausbrin= gen, wie ähnlich man fie der Bildhauerkunft, wie herausftechend für's Aug' man fie machen, wie große Wirkungen man alfo, blos durch Licht und Schatten, hervorbringen könne, werden fich nicht wundern, wenn wir annehmen, daß Zeuris zu bald fich überwunden

gab,

gab, und daß, in unsern Augen, der täuschende Vorhang weniger für die Größe des Malers bewieß, als
die Trauben. Indeß soll Apells Pferd, das das Wie-
hern anderer Pferde verursachte: das also den höch-
sten Grad der Täuschung hatte, nicht in Betracht kommen, mit seinen Bronten, Astropen, und Cerauno-
bolon; wenn es anders nach Plinii Bericht, damit
seine Richtigkeit hat! In der That ist es schwehr,
sich hievon eine Vorstellung zu machen. Eines, der
bekanntesten Beyspiele von Täuschung, liefert uns,
in der neuern Zeit, ein Gemälde von Sandrart.
Sandrart malte für den Kurfürsten von Bayern
Maximilian, unter andern auch die zwölf Monate *).
Die charakteristische Darstellung des Novembers besteht in einem Jäger, der einen Haasen auf den Rük-
ken trägt; als der Kurfürst dieses Gemälde, das von
Amsterdam eingelaufen kam, eröfnete; sprangen die
dabey stehenden Windspiele nach den Haasen. Gegen
die Wahrheit der Geschichte selbst, denke ich, läßt
sich mit Grund nichts einwenden. 1) Am meisten
beweißt das Stillschweigen Sandrarts, das durch seine Bescheidenheit so viel Wichtigkeit erhält, dafür.
(qui tacet, consentire videtur). Noch zu seinen
Lebzeiten findet Sandrart diese Geschichte verbreitet,
und

*) Diese zwölf Monate sind in Holland in Kupfer gesto-
chen, mit Unterschriften von Barlaeo und Vondel! Die
Unterschrift dieses Monats heißt:
Jam nova nobilium mensis obsonia fumant
pabula que in luxum frigida prata ferunt.
jam damae, lepores, cervi, sunt praeda Molossis
et profugae laqueis tot capiuntur aves,
lapsa cadunt folia arboribus, chironque superne
flaminaque, et pluvias ejaculatur aquas;
venator toto canibus venare novembri
securus, num sit maecha marita domi.

und in feiner eigenen Akademie aufgezeichnet; und findet nichts dagegen einzuwenden. Diefes Still- fchweigen ift vollkommene Bejahung; da fich, von feiner Befcheidenheit, kraft welcher er fich felbft von feiner Akademie ausfchloß, nach der höchften Wahr- fcheinlichkeit vermuthen läßt, daß er auf Koften der Wahrheit, nie auf Ruhm finnen konnte; zumahl da er fich leicht vorftellen konnte, was für fchädliche Fol- gen, die Entdeckung des Betrugs, (die hier doch fo leicht war) für feinen gerecht erlangten Ruhm haben müßte. 2) Diefem ausgebreiteten Gerücht ift nie, we- der auf Seiten des Publikums, derer, die Gewiß- heit haben konnten, noch felbft, auf Seiten der Ne- benbuhler Sandrarts, die fich doch alle Mühe würden gegeben haben, den Ungrund der blofen Erdichtung darzuthun, — widerfprochen worden. 3) Diefem Gerücht wurde in München felbft, wo fich die Aecht- oder Falfchheit der, noch nicht alten Tradition, doch immer ficher entfcheiden ließ, nicht widerfprochen. Kurz — Hr. von Sandrart läßt noch zu feinen Leb- zeiten, diefe Gefchichte als Wahrheit in feiner Akade- mie drucken und bekannt machen; von Seiten Mün- chens wird ihr nicht wiederfprochen! Das ganze Pu- blikum nimmt fie als wahr an; da es doch fo leicht war, fich vom Gegentheil zu überzeugen. Es läßt fich nichts dagegen erinnern. Aber nun von der Täu- fchung felbft! — Hatte wirklich der Haas, den grof- fen Grad von Betrug; fo ift es höchft wahrfcheinlich, daß ihn Sandrart zur Hauptfigur des Stücks machte; fo lag diefer Betrug in dem Plan des Künftlers. Sandrart wählte die Jagd, zur charakteriftifchen Vor- ftellung des Monaths; er mußte alfo in den Haafen weit mehr Charakter haben bringen wollen, als in den

Ih-

Jäger; jede Figur dürfte seinen Haasen tragen; sein Monat würde dadurch nichts an seiner Kenntlichkeit verlohren haben. Der Haas sollte also täuschen; er war das sichtbarste Abzeichen; — täuschen — weil ein Mann wie Sandrart, sein Objekt, lieber in der höchst möglichen Vollkommenheit, wird vorstellen wollen; — als nur mittelmäßig; täuschen; — weil in ihm der Charakter lag; und er nicht blos Beywerk war. Aber; war er's denn auch? war er's in dem Grad, wie sich überhaupt, aus jener Erzählung vermuthen ließe? Es wird ausdrücklich von Windspielen geredet; und ich muß gestehen, dieß macht mir die Täuschung, gleich, anfangs etwas verdächtig. Von Hünerhunden läßt sich allenfalls nur erwarten, daß sie, eine bis zum sprechen getroffene Aehnlichkeit verlangten, um betrogen zu werden; dieß liegt im Charakter seiner größern Ernsthaftigkeit; das Windspiel ist spielender; begnügt sich, um betrogen zu werden, mit einer entferntern Aehnlichkeit; macht unendlich öftere Bewegungen; die ein Verlangen nach Besitz zu verrathen scheinen; aber blos scheinen; und die sich am Ende blos auf's Spielen zurück führen lassen. Mir dünkt also, die Täuschung des Windspiels beweise so geradezu nicht das, was sie für die Täuschung des Hundes überhaupt, oder für die lebende Darstellung des intereßirenden Objekts beweisen sollte. Und denn wäre die Frage sehr verzeihlig: wurde der Versuch noch mit mehrern Hunden gemacht? — und wenn die Würkung gleich war, warum verschweigt man sie? da sie weit mehr Bestätigung für den Ruhm des Künstlers enthalten mußte, als das erste Beyspiel, das durchaus nicht soviel beweisen kann? — und war die Wirkung sich nicht gleich; wie kann man so viel

auf

auf das erste Beyspiel bauen? Es wird ferner gesagt; die Windspiele standen beym Kurfürsten, als das Bild aufgemacht wurde; mich dünkt, dies schwächte aber= mahls den großen Begriff der Täuschung; denn als= denn wurde während dem Auspacken schon die Erwar= tung und Begierde der Hunde gereizt! alsdenn wurde der darauf folgende Eindruck desto stärker und erklär= licher. In der Erzählung selbst wird bloß vom Springen der Hunde geredet! Wie wenn es ein Sprin= gen nach dem Gemälde überhaupt (nach dem gan= zen Stück) gewesen wäre? Wenn dieß Springen, nicht gerade Begierde nach Besitz anzeigte? nicht gera= de daraus entsprungen wäre? Diese Begierde erst setzte Gefühl der bestimmten Anerkennung voraus. Und daß der Hund blos spielend ohne Begierde nach Besitz, tausendmahl nach einem Gegenstand springe; lehrt uns tägliche Erfahrung. Wenn wir noch die wahrscheinliche Vermuthung, wie wir selbst in ähnli= chen Fällen handeln würden, voraus setzen, so erhält die Sache noch mehr Licht! Darnach ließe sich wahr= scheinlich annehmen, daß der Kurfürst selbst die Hun= de auf den Haasen hetzte.

C. L. Junker.

3.

Kurze Biographien einiger Künstler aus der ehemaligen v. Blattnerischen jetzt Blättne= rischen Familie.

Nicht selten geschieht es, daß die größten Kunstwer= ke, vom unaufhaltsamen Strome der Zeit fort
geris=

gerissen, und dann die berühmtesten Künstler mit dem
Staube der Vergessenheit bedeckt werden, da im Gegentheil die nichtswürdigsten Kleinigkeiten oft mehr
als ein Jahrhundert überleben, und die leere Prahle-
rey sich Aemter, Würden und Reichthümer zueignet,
unverdienter Weise um die Gunst der Großen buhlt
und sie erhält.

Ich habe im Kreise meiner kleinern Erfahrungen
und Bekanntschaften, eine Familie kennen gelernt,
aus deren Mitte von Zeit zu Zeit nicht alltägliche Künstler aufgetreten sind, welche auch zu ihrer Zeit Epoche
gemacht, aber leider auch das Schicksal so manches
braven Mannes erfahren haben — daß sie vergessen
worden sind! Ihre Miscellaneen haben, (wie der Vorbericht zum ersten Stück derselben sagt) unter andern
auch die Absicht: solche verdienstvolle Männer, die
entweder durch die Ungerechtigkeit der Zeit vergessen
worden sind, oder noch in Dunklen leben, ans Licht
zu ziehen, und sie wieder in die Gerechtsamen einzuse-
tzen, welche ihnen ihr Fleiß und ihre Arbeiten ver-
schaft hatten. Fürwahr eine edle Absicht — Vielleicht könnte ich sie Ihnen durch gegenwärtigen Bey-
trag etwas erweitern, oder befördern helfen, wenn
ich Ihnen einige Nachrichten von einer gewissen Blätt-
nerischen Familie mittheile — für deren Authenticität
ich mich verbürge; — die aber, wenn sie es gleich
seyn solte, doch nicht in eines jeden Händen seyn dürfte, welcher Männer von Talenten schätzt, und auch
ihren Aschenkrug noch heilig hält, oder die noch Leben-
den durch Unterstützung in ihrer angetretenen Laufbahn
erhält.

Diese Familie ist alt, und war vormahls eine der
angesehensten im Lande. Um dies zu beweisen, muß

ich

ich in die ältere Zeiten zurückgehen, doch nicht weiter, als bis auf Johann Georg den I. ohngefähr auf das Jahr 1611, als wo der eigentliche Stammvater dieser Familie,

Hans Samuel von Blattner lebte. Er hatte einige Güter im Merseburgischen, welche aber im Schwedischen Kriege, der im J. 1635 — 1641 geführet ward, besonders beym Einfall der Schweden in Sachsen im J. 1635 verwüstet wurden. Denn, der Hr. v. Blattner war Obrister eines Sächsischen Dragoner-Regiments, that mit seinen größtentheils tapfern Leuten, den Schweden viel Schaden; daher überraschten sie ihn einmal auf seinen Gütern — er selbst blieb im Gefecht: aber seine Gemalin, eine geuhrne v. Teutleben, und ein Sohn, 2 Jahr alt, entkamen. Sie war zu der Zeit schwanger mit einem Sohne — welcher Samuel von Blattner genennt, und hernach Obristleutenant in Kaiserl. Diensten wurde. Er starb ohne Erben, und hinterließ ein ansehnliches Vermögen, welches er einer fremden Familie vermachte *). Der kleine Sohn, mit welchem sie flüchtete, hies, wie sein Vater,

Hans Samuel v. Blattner, geb. im J. 1633 und Altenburg war der Ort, wo sie ihre Zuflucht hin nahm. Hier kaufte sie sich an **), und wurde nachher auch Besitzerinn eines Landguthes bey Lucka ***), wo

*) Die Nachkommen davon leben noch jetzt in Wien, wo sie die ansehnlichsten Würden bekleiden, und sich von Blattner, sonst Schmieden genannt, schreiben.

**) Das Haus, welches sie in A. kaufte, besitzt gegenwärtig die Frau Geheimeräthin v. Schmerzing.

***) Ein Städtchen bey Altenburg am Flusse Schnauder

wo sie ihren ältesten Sohn erzog, bis ihn Georg der
II. Kurf. zu Sachsen als Pagen an seinen Hof nehmen
konnte. Dieser ließ ihn hernach die Universität Wit-
tenberg besuchen, weil er an ihm viel Trieb zu den
Wissenschaften wahrgenommen hatte. Hier bekam er
aber verdrießliche Händel mit einem Grafen — und
mußte deswegen zu mehrerer Sicherheit, nicht nur
von der Universität, sondern selbst aus dem Lande
flüchten. Er fand es hierbey nützlich, seinen Namen
aus v. Blattner in Blättner zu verwandeln, und
entkam glücklich nach Schweden, wo er, um sich zu
erhalten, genöthigt war, bey einem Maler Farben
zu reiben. Sein gutes Betragen erwarb ihm bald die
Gunst des Mannes, und seine Kunst erweckte bald in
den jungen Unglücklichen eine Neigung, die er vorher
noch nicht gekannt hatte. Er fand je länger je mehr
Geschmack an dieser Kunst, so, daß endlich sein Ret-
ter auch sein Lehrer und Führer wurde. Er nahm
bald sehr darinn zu, und arbeitete jetzt in Gesellschaft
seines Lehrers. Unter der Zeit hatte seine Mutter
Nachricht von seinem Aufenthalt erlangt, und für ihm
beym Kurfürsten zu Sachsen einen salvum conductum
ausgewirkt. Mit diesem Sicherheitsbrief versehen,
trennte er sich nun, wie wohl ungern, von seinem
Lehrer, der ihm bis jetzt Freund und Vater gewesen
war, und kam zurück nach Lukka, zu seiner erwar-
tungsvollen Mutter. Hier vermählte er sich; und da
seine Schicksale am Sächsisch. Gothaisch. Hof Friedrich
Wilhelms des III. auch bekannt worden wären, erhielt er die Stelle eines Hauptmanns bey der Sächsisch-
Gothaischen Landmiliz, trieb aber dabey seine neu er-
lernte Kunst noch immer, und starb endlich, nachdem
er um das Jahr 1674 einen Sohn,

Sa:

Samuel Blättner, gezeugt hatte. Dieser bildete sich in Absicht auf Malerey nach seinem Vater, wurde von Friedrich August den I. oder dem Starken, nachherigen König in Polen, welcher noch immer ein gnädiges Augenmerk auf diese würdige Familie richtete, mit einer jährlichen Pension auf Reisen geschickt. Er kam nach Italien, und 1693 — 94 brachte er in Rom zu. Hier erhielt er bey Ausstellung der Malerakademie die goldne Prämie, mit dem Beynahmen: der vortreffliche Sachse *). Ein Jahr darauf reiste er zurück nach Sachsen: Der König von Polen war so gnädig, ließ ihm seine Pension, und gab ihm noch überdies das Prädikat als königlicher Hofmaler. Er wendete sich nach Leipzig, heyrathete daselbst, und erhielt in einer vergnügten Ehe einen Sohn, der seinen Ruhm nicht auslöschen lassen sollte. Im Jahr 1696 am 18. May, ward die Innung der Maler, unter seiner Vermittelung wieder erneuert, welche schon im Jahr 1577 unter Kurfürst August gestiftet worden war, daher er auch Innungsherr zu Leipzig wurde **). Seine größte Stärke war in historischen Stücken, wovon noch

---

*) Bey Ausstellung der Gemälde, von der Malerakademie, werden auf die besten Stücke Preise gesetzt, deren damals drey waren, die in einer goldnen, einer silbernen, und einer kupfernen Metaille bestunden. Jetzt sind deren nur noch zwey, die Goldne und Silberne. Jeder, der eine von diesen Prämien erhält, bekommt auch zugleich einen Beynamen, als eine Art von Devise.

**) Diese Innung ist durch einen Kurfürstl. Specialbefehl unter dem 17. Jenner 1780 kaßirt worden! — Warum! — das weiß man nicht!

noch gegenwärtig ein Denkmahl auf der vortrefflichen
Rathsbibliothek zu Leipzig zu sehen ist. Es besteht
in einem großen Gemälde in Oelfarbe, und stellt die
biblische so schöne als rührende Geschichte vor: wo sich
Joseph seinen Brüdern zu erkennen giebt. Fast möchte man sagen, daß diese Geschichte durch diese herrliche und meisterhafte Vorstellung des Mannes noch mehr
gewonnen habe, als durch die doch gewiß natürliche
und edeleinfältige Erzählung des heiligen Schriftstel-
lers. — Endlich starb er im J. 1705 im 31. Jahr
seines Alters, und hinterließ seine Frau schwanger mit
einem Sohne, welcher im Jahr 1706 zur Welt kam
und,

Joh. Sam. Blättner genannt wurde. Dieser
wollte aber bey herannahendem Jünglingsalter sich der
Mahlerey nicht huldigen, sondern fühlte mehr Trieb zur
Bildhauerkunst. Diesen Trieb befolgte er bey seinem
herannahenden männlichen Alter, und bildete ihn durch
seinen Fleis, welcher seiner natürlichen guten Anlage
vortrefflich zu statten kam, so gut, daß er endlich im
Fürstenthum Blankenburg Hofbildhauer werden, und
den Ruhm eines nicht gemeinen Künstlers mit ins
Grab nehmen konnte. Unwissenheit und dumme Sorg-
losigkeit der Maurer und Bauleute haben uns einiger
vortrefflichen Epitaphien von ihm beraubt, welche auf
dem Kirchhof zu Altenburg gestanden haben, und von
ihrem Verfertiger, dem sie Ehre machten, gewiß zu
einer bessern Absicht bestimmt waren, als man sie hier
brauchte.

Ich komme zurück zu dem Sohne, welcher noch
bey Lebzeiten seines Vaters 1704 am 10. Jenner ge-

bohren

bohren, und Samuel Blättner *) genannt wurde. Sein Vater hatte freylich das Vergnügen, und der Sohn das Glück nicht, daß der Erstere den Posten eines Lehrers, und Letzterer die Stelle eines Schülers bey ihm hätte bekleiden können: doch fand er auch Gefallen an der Malerey, und trieb sie nicht ohne vielen Fleiß und Eifer. Nach einigen Jahren kam er in die Schweiz, und fand hier an dem berühmten Maler Dölfer das wieder, was er an seinem Vater so frühzeitig verlohren hatte. Unter dessen Anführung bildete er sich, und gieng dann zurück nach Dresden, wo er anfangs einige Jahre bey der dasigen Akademie zeichnete, hernach die Stelle eines Kondukteurs bey dem Oberlandbaumeister Schaz daselbst 6 Jahre lang bekleidete! Er machte auch einige Reisen durch Polen, Oestreich, Schlesien und Sachsen rc. kam endlich zurück nach Leipzig, seiner Vaterstadt, fand aber erst in Altenburg den Ort, wo er den Rest seiner Tage durch das Band einer vergnügten Ehe, welches er daselbst knüpfte, versüßt durchleben konnte. Der Herzog beschenkte ihn mit dem Prädikat eines fürstlichen Sächsisch. Goth. und Altenburgischen Hofmalers, und gab ihm oft Beweise seiner vorzüglichen Gewogenheit. Seine Arbeiten — wenigstens einige Stücke davon, sind noch jetzt auf dem Herzogl. alten Schlosse zu Altenburg, ingleichen im Palais des daselbst verstorbenen Prinzen Moritz zu sehen. Sein Lieblingsfach war das Historische, und sein Erfindungsgeist war dabey uners

*) Hier muß ich anmerken, daß der Name Samuel, ein Familienname ist, daher ihn von jeher und noch jetzt, alle männliche Abkömmlinge dieser Familie führen.

unerschöpflich. — Doch seine Kenntnisse erstreckten sich auch noch über das Gebiete der Malerey hinaus, in das schöne Feld der Architektur, in welchem er auch bereits sehr grosse Fortschritte gemacht hatte. Er starb im J. 1762 am 1. December, und hinterließ verschiedene Kinder, deren einige noch gegenwärtig leben. Wir sind vorzüglich zwey davon bekannt. Der Jüngste,

Ernst Sam. Blättner, geb. im J. 1745 am 5. Jenner, bildete sich auch unter Anführung seines Vaters. Im J. 1764 gieng er von Altenburg ab, reiste in die Niederlande, und kam dann auch nach Mähren. Hier traf er den Grafen Berchthold, mit diesem reiste er nach Italien, und kam nach Rom. Der Graf sah seine überwiegende Neigung für die Malerey; gab ihm einen gewissen Gehalt, und mit dieser Unterstützung auf das beste versorgt, lebt er noch jetzt in Rom, bey dem dasigen berühmten Maler Herr v. Maron, und erweitert durch anhaltenden Fleiß täglich seine Kenntnisse, bis er sie zu dem Glanz je wird erhoben haben, in welchem seine Vorfahren vor der Welt, fast durch zwey ganze Jahrhunderte als wahre Künstler erschienen sind. — Der ältere Sohn,

Joh. Sam. Blättner, lebt ebenfals noch gegenwärtig in Altenburg. Aber, so viele Künstler auch hier gebohren worden *) sind, so wenig scheint es doch der Natur möglich gewesen zu seyn, das liebe Altenburg zu einem Sitz für die Künste umzuschaffen. Denn,

K 4   wie

_____

*) Als; der berühmte verewigte Hoforganist Krebs; der bekannte, aber auch verstorbne Bildhauer Cronegk; der noch in Berlin lebende Meil, u. a. m.

wie bereits in Ihren Miscellaneen erinnert wurde, setzt das Kunstgefühl Adel der Seele voraus, aber wo man den guten Geschmack in schönen Bändern und wohlbesetzten Tafeln sieht; wo man, um ein Portrait zu loben, die frappante Aehnlichkeit der Frissur, des Daseins vom Zeuge der Weste, den der abgemalte seelige Herr trug, und die erstaunenswürdige Gleichheit der Farbe vom Kleide bewundert; — wo man allzuenge Begriffe von dem hat, was Kunst und Künstler heißt; wo man Verdienste just nach Mehrheit der Ahnen berechnen will; — ja da läßt sich freylich nicht wohl ein Tempel erbauen, darinn es den bildenden Künsten zu wohnen gefallen möchte. Ihre Priester, wären es auch Männer vom größten Genie, müssen entweder dem Ahnenstolze nachgeben, und mit dem Strome schwimmen, oder ihre Würde behaupten, und — wo nicht gar Noth leiden, doch wenigstens — verborgen bleiben. Jedoch der Eifer über die gekränkten Rechte der Künste ergriff mich, und fast hätte ich darüber vergessen, daß ich Ihnen noch die kleine Biographie eines Künstlers schuldig bin, welcher nicht weniger, wie seine Vorfahren, den Ruhm verdienen dürfte, welchen jene eingeärndet haben.

Er wurde geb. im Jahr 1731 den 9. October, genoß das Glück, von einem so liebreichen als ernstem Vater erzogen, und in einem kleinen Kreise schätzbarer Künstler, nemlich der Hrn. Meile, und des Hofbildhauers Martini, gebildet zu werden. Schon in seinem 15ten Jahre fieng er an Portraits zu malen, und man weissagte nicht ohne Grund ex ungue leonem. Bald darauf gieng er im Jahr 1749 nach Leipzig, wo er vom damaligen Rektor Magnifikus Christ, frey inscribirt wurde, und ebenfalls den freyen
en

en Unterricht in der Geschichte, Mythologie, Antiqui-
täten, und anderm so nöthigen als nützlichen Hülfs-
wissenschaften von ihm erhielt, so wie er nicht weniger
einen freyen Zutritt in das vortreffliche Kabinet von
Gemmen hatte, welches dieser Prof. Christ besaß.
Durch dies alles setzte er sich im Stand, die Fehler, —
wenn es anders philosophisch betrachtet, als solche an-
zusehen sind — welche so viele der besten Maler wie
der das Kostum begehen, glücklich zu vermeiden. Sein
vorzüglichstes Studium auf dieser Universität war die
Miniaturmalerey. Er machte den Anfang hierinn
damit, daß er kleine Landschaften auf einzelne feine
Franzkartenblätter tuschte, und, da er hierzu Anlage
fühlte, diese Kräfte hernach auch auf die Portraitma-
lerey im Kleinen übertrug. Er exzellirte bald sehr dar-
innen, und Leipzig, welches von jeher eine gute Pfle-
gemutter der Künste war, auch wenn sie noch zart,
oder im Keimen sind, wußte den jungen Mann zu
schätzen. Besonders genoß er in dieser Zeit die Gnade und wohlthätige Unterstützung der verwittweten
Herzoginn von Curland, welche sich damals in Leipzig
aufhielt. Hier hatte er auch die Ehre, daß ihm diese Dame selbst saß, und er sie hernach 11mal in Mi-
niatur malte. Sie wollte ihn gern mit nach Curland
nehmen, versprach ihm die vortheilhaftesten Bedin-
gungen, und zeigte ihm Aussichten, welche vielleicht
manchem in seinen Umständen stark gereizt haben würden. Allein, das Bewußtseyn seiner noch lebhaften
Jugendkräfte, das Gefühl eines Triebes sich noch mehr
zu vervollkommen, wozu ihm hier die häufigste Gelegenheit nicht fehlte, hielten ihn mit vereinten Kräften
zurück, dieses gnädige Anerbieten anzunehmen. Jetzt
zeichnete er auch mit auf der Akademie, und malte

dabey

dabey auch große Portraits in Oel; denn die Pastell-
malerey hatte von jeher, wenig oder gar keinen Reiz
für ihn. Bey dem allen war immer der Hang zur
Mythologie und Historie so groß bey ihm, daß es
bald sein Lieblingsstudium ausmachte, wodurch er denn
auch in diesem Fache gewiß eine nicht geringe Stärke
erhielt, die er noch immer durch täglichen Fleiß, auch
in seinem männlichen Alter erhöht und vervollkomnet
hat. Nach einigen Jahren, die er auf der Universität Leipzig zugebracht hatte, kam er, bereichert mit
nützlichen Kenntnissen, und großen Kunstfertigkeiten,
zurück in den Schoos seiner Familie, und in die war-
tenden Arme seines Vaters. Nun verband er sich noch
näher mit ihm, und arbeitete in dessen Gesellschaft.
Bey seiner Zurückkunft nach Altenburg erwarb er sich
die Gnade des damaligen Kanzlers und Geheimenraths
von Rüxleben, welcher Kenner genennt zu werden
verdiente, und selbst sehr fein malte. Zu dessen sehr
schönen Sammlung von Gemälden verfertigte er verschiedene Stücke, sowohl in Oel- als Gummifarben,
aber, leider nach dem Tode dieses Mannes ist auch diese vortreffliche Sammlung zerstreut worden. Nach
einiger Zeit heurathete er, und lebte nun als Mann
und Gatte für sich. Kurz darauf schrieb ihm Hr. Joh.
Wilh. Meil *), aus Berlin: daß er dahin kommen
möchte, weil er vielleicht daselbst noch eher sein Glück
machen könnte! Er folgte dieser Ermahnung frey und
entirte wieder auf einige Jahre die dasige Akademie,
stand in Connexion mit den besten Künstlern, bildete
seinen

*) Mit diesen unterhält er noch jetzt einen freundschaftli-
chen Briefwechsel, welcher oft manche düstre Wolke von
seiner Stirn verscheuchen hilft.

seinen Geschmack, so wie sein Herz noch mehr, und
nährte auch hier seine Lieblingsidee — Historie und
Mythologie — mit der bescheidenen Sorgfalt, welche eines wahren Künstlers würdig ist. Von da gieng
er nach einigen Jahren zurück nach Altenburg, und
machte den besten Gebrauch von den gesammleten
Schätzen in einer vergnügten Ehe. Jetzt genoß er ein
neues Glück, durch die Freundschaft des berühmten
und gelehrten Preußischen Geh. Raths, Baron v. Bielefeld. Ein zehnjähriger freundschaftlicher Umgang
mit diesem würdigen Manne, welcher selbst einsichts-
voller Kenner war, und auf seinen weitläuftigen Reisen sich nicht nur Kenntnisse um die besten Künstler in
der Malerey, als auch vorzüglich um diese Wissenschaft
selbst, eigen gemacht hatte, ist ein Beweiß, daß er
unsern Künstler gewiß nicht wenig schätzte. Zur Bestätigung dieser Nachricht können zwey Stellen aus den
Briefen dieses Baron's dienen *), welche ich Ihnen
hierher setzen will, da sie vielleicht nicht in jedermanns
Händen seyn dürften. Die eine, wo er von unserm
Künstler spricht, steht in einem Briefe **), den er
unter dem 4. May 1757 von seinem Landgute Treben
aus ***), an einen Hr. v. Stüben zu Braunschweig
ge-

---

*) Diese Briefe sind erschienen unter dem Titel: Des
   Freyherrn von Bielefeld freundschaftliche Briefe, nebst
   noch einigen andern. Aus den Franz. 2te Ausgabe.
   Danz. und Leipz. 1770. II. Theile. 8.

**) Im zweyten Th. der 96 Br. Seite 403 folg.

***) Ein schönes großes Dorf bey Altenburg an der Plei-
    se, mit einem Schlosse, welches dieser Baron erbauet
    hat.

geschrieben hat. Hier heißt es unter andern: "Ich habe Ihnen, mein lieber Bruder, zu sagen vergessen, daß ich hier einen sehr geschickten Maler gefunden, und daß, da ich mich meiner jugendlichen Uebungen in dieser Kunst erinnere, ich mich unter Anführung meines Apelles, wieder auf das Malen gelegt habe. Ich gebe einen Oelmaler ab, ich verfertige Landschaften, und indem ich mir die Zeit vertreibe, ziere ich auch meine Wohnung aus!". Die andere Stelle ist weniger beträchtlich, gehört aber auch hieher, und befindet sich in einem Briefe an eben diesen Hr. v. Stüben *), datirt von Treben den 1. May 1755. Hier heißt es: "Im verwichnen Jahre hat ein geschickter Maler zwey artige Gemälde über meine jährliche Fischerey verfertigt, die ich selbst besitze, wegen Seltenheit der Sache!" Bey diesem Manne hielt er sich zuweilen ganze Monate auf, und arbeitete in seiner Gesellschaft Stücke aus, die der Baron alsdann nach Berlin und anderwärts an seine Freunde, als Beweise der ausgebildeten Fertigkeit dieses Künstlers verschickte. Im Jahr 1769 erhielt er einen Ruf nach Dresden, in die dasige Malerakademie als Mitglied aufgenommen zu werden, weil eben zu der Zeit eine Stelle leer geworden war, aber eine Krankheit, welche ihn damals zu allen Geschäften untüchtig machte, hinderte ihn, auch diese Stelle anzunehmen. So hart ihn übrigens oft das Glück ansah; so schützte ihn doch die weise Gleichheit seines Charakters vor vielen Fehltritten, in welche so viele in ähnlichen Umständen gerathen. Und so lebt er noch jetzt in Altenburg, von Kennern, die freylich etwas selten sind, geschätzt, und

von

*) Im zweyten Theil der 9t Br. Seite 392 folg.

von Freunden der bildenden Künste bewundert. In seiner Studierstube ist er Künstler und Kritiker seiner Arbeit selbst; in seinem Hauswesen liebreicher Vater, und auch in seinem Alter, welches nun herannahet, doch noch zärtlicher Gatte; in Gesellschaften aber setzen ihn seine Belesenheit und anderweitige ausgebreitete Kenntnisse in den Stand, daß er nicht bloß, wie andere Künstler einen sogenannten Handwerksdiskours zu führen sich genöthigt sieht, sondern über jeden Gegenstand mit Präcision, Urtheilskraft und Unterhaltung sprechen kann, so, daß man es nie bereuen darf, in Gesellschaft mit ihm gewesen zu seyn. Stücke von seiner Hand sind auch in Böhmen in verschiedenen katholischen Kirchen zu sehen, die er mit Altarblättern beschenkt hat, aber auch in Altenburg stehen Gemälde von ihm, sowol bey Privatpersonen, als auch auf dem schönen Rittergute Romschitz bey Altenburg, welches dem königl. Dänischen Gesanden und Geh. Räthe Baron von Bachof gehört. – Auch in Berlin sind einige Stücken von ihm, besonders in dem königl. Lustschlosse Charlottenburg, welche so lange der Sterblichkeit seines Ruhmes trotzen werden, als es diesem weisen Monarchen und einst seinen ruhmwürdigen Nachfolgern gefallen wird, die bildenden Künste und ihre Denkmähler zu schätzen. — Von diesem unserm Künstler ist ein Sohn,

Heinr. Aug. Sam. Blättner noch unter der Aufsicht und Anführung seines Vaters, welcher, wenn er die guten Anlagen, womit ihn die Mutternatur so wohlthätig als reichlich beschenkt hat, bildet und braucht, diese alte und ehrwürdige Familie, gewiß nicht mit dem Namen eines Sudlers, deren sie noch keiner aufzuweisen hatte, brandmarken wird.

Dies

Dies wären also die Nachrichten von dieser Familie, die ich aus keiner andern Absicht aufsetzte, als das Andenken einiger Edlen zu erhalten oder zu erneuern. Ich wünsche, daß sie Ihren Lesern nur halb so viel Vergnügen beym Durchlesen gewähren mögen, als sie mir beym Niederschreiben gemacht haben. Und dann — ja dann will ich mich hinlänglich belohnt halten.

Karl Kämpfe.

4.

Beschreibung und Beurtheilung verschiedener Gemälde der k. k. Bildergallerie in Belvedere, von Hieronymus Rigler, aus dessen 1783 herausgegebenen, ausser Wien wenig bekannten und bereits geendigten wöchentlichen Anzeigen von Künstlern und Kunstsachen.

Die Gemälde, von denen jetzt die Rede seyn wird, hängen im ersten Stock, wo die Niederländische Schule paradirt.

Erstes Zimmer.
Erste Wand.

Nr. 1. Der erschlagene Abel in einer so sanften Todenmiene in den Schooß seiner Mutter gelegt,

und

und von seinem Vater so wehmuthsvoll betrauert
macht, daß dieses Bild, nebst den übrigen Gegenstän=
den, zum merkwürdigen Gegenstand der Aufmerksam=
keit wird.

Man sieht an der Physiognomie Adams, ich möch=
te sagen — den Ausdruck des Herzens sprechen; denn
die Sprache redender Bedeutungen derselben flößet uns
Empfindungen ein, die unser Herz für seine Leiden da=
hin reißen, und im Erbarmen erst die Erbärmlichkeit
seines Zustandes ganz fühlen lassen. —

Man sieht aus dem affektvollen Geberdenzuge, daß
das Vaterherz blutet, und daß der doppelte Schmerz
über zween Söhne ungleicher Art — über den Böse=
wicht — über den tödtenden — und über den getöd=
teten unschuldigen Sohn die richtige Karakteristik be=
kommen.

Der Maler, der Philipp de Champagne ist,
zeigte an dem Kopf Adams, daß er psychologischer
Physiognomist sey; — denn wer Adams seinen sich
aufrichtenden und gegen Gott erhebenden Geist, der
durch den durchkreuzten Schmerz bricht, mit solcher
Wärme und Wahrheit auszudrücken weiß, wie ihn
Champagne ausdrückte, muß wirklich einer der größ=
ten Physiognomisten seyn.

Mit dem Ausdrucke der Eva hingegen bin ich
nicht ganz zufrieden; ihr Gesicht enthält zwar den stum=
men Schmerz eines Weibes, welches durch das na=
türliche Mitgefühl Antheil an dem kläglichen Fall ih=
res Nächsten, ihres Mitmenschen nimmt; aber weder
ist das betroffene Muttergefühl, das den ersten, den
heftigsten Stoß der schmerzvollen Empfindung auch
nur einigermaßen äußerte, sichtbar; und noch weniger

ist

ist Ansatz für ferneres Abhärmen, über den Tod ihres geliebtesten Sohns vorhanden.

Besser gefällt mir das kleinste der drey anwesenden Kinder, das an der Rechten seiner Mutter so ängstlich, so mit Sehnsucht in weinerlicher Thätigkeit, das ist, in brünstigster Wehmuth nach verselben langt *).

Abel ist ganz für die Bedeutung seiner Lage — für den Tod des Unschuldigen — des Gerechten in Sanftmuth zu sehen. Und die Hauptfarbe und auch die Schlappheit des Getödteten macht am Abel den Todten ganz sichtbar.

In der Weichung sieht man Cain den Flüchtigen — den ersten Todtschläger — und den von Höllenangst gepeinigten Sünder am ungerathenen Sohn Adams — in Einem.

Im Vorgrunde zur Linken befinden sich die zwey grösseren Kinder. Man sieht aus ihrer untheilnehmenden Aktion (indem beyde ganz sorglos mit einem Vogel spielen) daß jugendliche Unwissenheit vorhanden sey,

*) Wenn ich das kleinste Kind als für den Bruder trauernd angeben wollte: so würde ich zum Nachtheil des Malers urtheilen, der gewiß eingesehen hätte, daß, da die zwey grösseren Kinder nun sorglos spielen, sie eher, als jenes, trauern müßten. — Die Bänglichkeit des Kleinsten hat ihren Grund in der Natur der Simpathie; denn da die Mutter um den Abel trauernd gegen jenes Kind, aus Schmerz gegen den getödteten — und auch gegen den tödtenden Sohn, jetzt gleichsam unempfindlich ist: entgehen ihm die Liebkosungen; und hiedurch leidet sein Interesse schmeichelhafter Empfindungen.

ſey, und auch, daß der Maler im Ausdruck ihres Ka=
rakters der Natur ganz getreu bliebe.

Die Landſchaft, die Heerde und das Beyweſen
überhaupt iſt alles gut gewählt, auch beſonders gut
ausgeführt, und paſſet vollkommen zum Endzweck des
Ganzen.

Der Künſtler verfertigte dieſes Bild 1656, auf
Leinwand gemalt 12 Fuß 6 Zoll breit, und 9 Fuß
10 Zoll hoch. Ganze Figuren über Lebensgröſſe.

N. 2. Ein allegoriſches Bild von Oktav van
Veen, genannt Otto Venius. Die geflügelte
Glücksgöttinn.

„Wäre dieſe Göttinn mit dem Verſtande eines
Raphaels gezeichnet, oder mit dem Pinſel eines Cor=
reggio gemalt; ſo müßte dieſes Bild unſtreitig eine
weit glücklichere Vorſtellung der Göttinn des Glückes
enthalten.”

Da aber die Foderung das verdienſtliche eines Ra=
phaels oder Correggio am Bilde eines van Veen zu
finden zu überſpannt iſt: ſo müſſen wir uns ſchon hie=
mit begnügen, daß er doch Leiſter beſſen, was er lei=
ſtete, wie am Ende angezeiget iſt, war.

Das Kolorit hiebey würde beſſer der Proſerpina,
als der Glücksgöttinn paſſen; denn für dieſe Göttinn
iſt es zu unhold. — Das Rad, auf welchem die
Göttinn das Glück herabrollet, entſpricht hier in die=
ſer Vorſtellung der Allegorie nicht ganz, indem die
Göttinn mehr auf dem Rad zu ſchweben als zu ſitzen
ſcheint, zwar nicht ihret Stellung wegen, denn dieſe
beſtimmte der Maler wirklich zum Sitzen, wohl aber
wegen dem Abſtand von demſelben.

- Vielleicht glaubte der Künſtler durch dieſe Vorſtel=
lung ſelbſt der Allegorie des Glückes näher zu kommen,

wenn er das laufende Rad unter der Göttinn, welches
doch eigentlich, um recht allegoriſch zu ſeyn, an ihrer
Seite, und hauptſächlich von ihr muß getrieben werden, durch das Sitzen nicht hinderte. Beſonders auffallend iſt mir, daß die Göttinn ihre Gaben alle aus-
zuſpenden ſcheint, indem ſie, da ſie mit keinem Vor-
rathe verſehen, ſchon die Neige derſelben auszuſtreuen
ganz anſchaulich macht. — Wie ſchön hätte hiebey
nicht ein Gabenbehältniß — ein Füllhorn von zwey-
facher Art gelaſſen!

Von den dichthaarichten Locken der Göttinn ſollte
man nicht denken, daß ſie eine ſturmloſe Luft ſo hätte
bewegen können, wie ſie doch beweget ſind. —

Ihre buntſcheckigte Flüge ſind zu ſcharf auch zu
dicht *), folglich zu ſchwer, und gegen derſelben
Ausgang ſchon von der Mitte an zu ſtark ſchattirt.

Die Luft iſt gut, und man kann ungeachtet der
vorhergezeigten Fehler ſagen, daß dieſes Bild doch
auch ein Verdienſt noch habe, indem die Hauptfarbe
durchgängig, der Manier des Malers angemeſſen,
richtig beybehalten wurde.

Göttermaler — ohne den vielbedeutenden Ausdruck der Götter zu kennen — verfehlen, und müſſen
immer die Delikateſſe der Hoheit verfehlen, da ſie,
indem ſie ſich ſchon damit begnügen, daß ſie Menſchen
mit göttlichen Attributen malen, in ihnen ſelbſt doch
keine Gottheit zeigen. —

Dieſes Bild iſt auf Holz gemalt, 2 Fuß 4 Zoll
hoch, 1 Fuß 11 Zoll breit, ganze Figur ein Viertel
Lebensgröſſe.

Nr. 3.

*) Hauptſächlich bey derſelben Anfang.

Nr. 3. Ein Bildniß eines vornehmen, ehrwürdigen Mannes von Adrian de Vries gemalt. Dieser Kopf ist vollkommen gut gemalt, und sein bieder-
männisches Ansehen, der kernichte Bau seines Fleisches,
die gute Gesichtsfarbe und das lebhafte Auge, bezeich-
nen den Mann in beßten Jahren, und geben uns die
Innerlichkeit zu erkennen, daß sich die wahre Zufrie-
benheit nur auf das Bewußtseyn der Rechtschaffenheit
gründet. Bey diesem Kopf ist auch das Haar ganz
vortrefflich; indem es nicht allein in schöne Parthien
gebracht, sondern selbst der Glanz an denselben die
ächte — die wohlthätige Wirkung des Lichts anzeiget,
die der zweckmäßige Einfall desselben fodert. —

Das schwarzseidene Kleid ist gut bearbeitet. Es
ist schade, daß bey diesem so vortrefflichen Bilde die
rechte Hand zu voll, folglich zu schwer ist.

Auf Holz gemalt, 2 Fuß 5 Zoll hoch, 1 Fuß
11 Zoll breit. Halbe Figur Lebensgrösse.

Nr. 4. Von Samuel van Hoogstraten. Ein
graubärtiger Alter sieht mit Lebhaftigkeit zu einem
Fenster hinaus. Seine aufhabende Pelzmütze, die
Furchehläge seiner Jahre und sein grauer Bart ist so
gut gemalt, daß man in jedem die Natur selbst zu erblicken glaubt.

Hoogstraten, der nicht allein als bloßer Kolorist
malte, zeigte seine tiefe Einsicht auch im einfallenden
und wiederscheinspielenden Lichte, wie nicht minder im
Helldunkel — und auch im hebenden und herausbrü-
ckenden Schlagschatten. — Betrachte man einmal
mit philosophischer Kunstkenntniß diesen heraussteigen-
den Kopf, und man wird finden, daß in demselben
die in der Kunstfertigkeit sich unterscheidende Meister-
hand ganz herrlich äussert. Das Bley an den ründen

Feni

Fensterscheibchen, die hölzerne Einfassung, das ist: die Glasram ist ebenfalls ganz gut gemalt; aber der Fensterstein macht einen vollends vergessen, daß er Malers Arbeit sey, indem man des Steinmetzes Hand daran wirklich zu erblicken meint. Das auf dem Fensterstein liegende Strohhälmchen, die Pflaumfeder, und das dort stehende Fläschchen ist nicht minder gut gemalt, und dienet hiezu, um die Vortrefflichkeit des Ganzen zu bewähren.

Dieses Bild ist auf Leinwand gemalt, 3 Fuß 6 Zoll hoch, 2 Fuß und 9 Zoll breit. Der Kopf ist in Lebensgrösse.

Der Künstler hat auf den Fensterstein dieses Gemäldes sein Monogramm und die Jahrzahl 1653 gesetzt.

Nr. 5. Von Kornelius de Fischer. Das Portrait eines betagten, graubärtigen Mannes mit einem Barret auf dem Kopfe, und einem gerollten Notenpapier in der rechten Hand.

Ich muß hier aufrichtig bekennen, daß dieses Bild und das von Oktav van Veen, die Glücksgöttinn vorstellend, von der ganzen Wand meinen wenigsten Beyfall hat.

Das Gesicht dieses Mannes äußert den Ausdruck eines Niedrigdenkers — eines Filzes, bey dem nur Lieblosigkeit, und am mindesten aber die wohlthätige, Herzerwärmende und beseelende Leutseligkeit weder zu suchen noch zu finden ist.

Aber kann man den Ausdruck der menschenfreundeslosen Bedeutungen wohl dem Maler, einem Portraitisten zur Last legen? — Diese Frage beantwortet sich hier selbst, daß der Portraitist — Kopist der Karakteristik seines Gegenstandes seyn müsse.

Frey-

Freylich heiſcht zwar die Nachbildungspflicht eines
Kopiſten, den ſcharfen Zügen ihr Schneidiges und
Unedles durch den wohlthätigen Schmeichel der Kunſt
zu benehmen. Aber verbiet nicht im Gegentheil der
Eigenſinn ſo manches Portraitbeſtellers allen Schmeichel ſorgfältig zu vermeiden, um die liebe Natur auch
ſogar in ihren Unholden (nach jenes verworrnen Be-
griffes) recht kunſtreich zu finden? —

Die reine — von Mißbräuchen befreyte Pflicht
eines Portraitmalers fodert den Geiſt des Künſtlers
zur unabläßlichen Wachſamkeit auf, die Mängel ſeines
Vorbildes im Nachbilde nicht ganz in ihrer Nacktheit
zu zeigen. —

So wie dem Aeſthetiker, ſo muß es auch dem
Künſtler immerwährendes Geſetz ſeyn, Perſonen ähnlich und zugleich auch ſchöner zu machen. Doch leidet
dieſe Wahrheit, angewandt auf ohnehin ſchon ſchöne
Gegenſtände, hier eine Ausnahme, indem das Be-
ſtreben, den ſchönen Gegenſtand noch mehr zu ver-
ſchönern, ganz leicht für ſchwülſtig und thöricht könnte
angeſehen werden.

Das Kolorit bey dieſem Kopf und ſelbſt das bey
ſeinem bocksähnlichen Barte iſt ſo gut, daß es der
Aechtheit des Karakters dieſes Mannes ganz vollkommen entſpricht.

Die Achſel, beſonders auf der rechten Seite, iſt
ungeachtet des langen Halſes dennoch zu ſchmal, indem ſie zu abgeſchnitten iſt. Die Hand am rechten
Arm iſt auch verzeichnet, und der untere Schatten an
derſelben rundirt zu wenig, indem er zu ſchwach, folglich zu blaß iſt, als daß er rundiren könnte. Das
Kolorit am Kleide iſt gut.

Man

Man ſieht auf dieſem Bilde des Malers Monogramm, und oben zur Linken Ætatis ſuae 62 A. 1574.
Ars probat virum.

Dieſes Bild iſt auf Holz gemalt 2 Fuß 7 Zoll
hoch, und 2 Fuß breit. Halbe Figur.

Nr. 6. **Aegidius Moſtaert.** Das Portrait
Chriſtoph Baumgartners, eines Nürnbergiſchen Patriziers, in einem rothen atlaſſenen Kleide und ſchwarzen Ueberrock ohne Aermel; in der Rechten hält er
ſeine Handſchuhe, mit der Linken ſein Degengefäß an
der Seite. Zur Seite ſieht man durch eine Fenſter-
öffnung eine ferne Landſchaft mit ſehr hohen ſteilen
Bergen, am Fuße derſelben einen See. Auf einem
Zettel, der neben ihm auf dem Tiſche liegt, lieſt man:
Chriſtofferus Baumgartner Filius Sebaldi. *Ætatis* 29. *A.* 1543 *).

Dieſer Kopf enthält ein ehrwürdiges Anſehen,
und iſt zweckmäßig gemalt. Aus dem feſten Blicke
des Auges, aus der guten Lage ſeiner Augenbramen,
aus der männlichen wohlgeſtalten Naſe, und aus dem
Munde eines menſchenfreundlichen Denkers ſieht man
den ehrwürdigen Karakter eines Patriziers ganz deut-
lich. Es iſt Schade, daß die gute Hoffnung, die
man ſich von ihm machte, nicht vollends zur Reife
gedieh, indem, da er ſeinem Vaterlande erſt zu leben
anfieng, ihn das unerbittliche Verhängniß ſchon der
Welt entriß.

Der rothe Atlaß, das ſchwarze Gewand, und
überhaupt auch alles Beyweſen iſt gut. Es wäre
über-

---

*) Aus Hrn. Mechels Verzeichniß der Gemälde in der
k. k. Bildergallerie im Belvedere.

überflüſſig, bey einem ſo ſchönen Bilde die Kleinigkeit zu rügen, daß die Finger der linken Hand zu geſpitzt ſind.

Dieſes dem Koloriſten Ehre bringendes Bild iſt das letzte von dieſer Wand. Auf Holz gemalt 2 Fuß 7 Zoll hoch, und 2 Fuß breit.

Zweyte Wand.
Mit einer Thüre zur Rechten.

Nr. 7. Von Abraham Blomaert. Die heiligen drey Könige von einem zahlreichen Gefolge begleitet befinden ſich vor dem Chriſtkind. Caſper vor demſelben knieend iſt in einer ſo liebreichen Miene — in einer Miene, die die edelſte Simplicität der Unterwürfigkeit und tiefeſte Verehrung gegen den kleinen Heiland äußert, zu ſehen.

Das Kind ſieht dem ehrwürdigen Greis holdſelig entgegen, und ſcheint ſich über ſeine und ſeiner Geſellſchaft Ankunft zu freuen.

Maria läßt ihre Gegenſtände ganz aus den Augen, indem ſie den drey Königen mit einem empfangendem Blick begegnen ſollte, ſie abwärts ſieht, und über etwas gleichgültiges nachzudenken ſcheint. — Zu dem hat ſie auch das Edle nicht, das die Mutter Chriſti bezeichnete. Joſeph iſt mit gegen den Himmel aufgerichtetem Haupte in voller Andacht betend zu ſehen.

Melchior ſtaunet das Chriſtkind an, und Balthaſar ſcheinet inneren Drang zu verrathen, bald an dem

Platze Caspers ebenfalls Anbeter und Opferer zu seyn.

Caspers beschneytes Haupt wäre schöner, wenn der hintere Theil etwas schmäler wäre. —

In der Glorie schweben mehrere frohlockende Engel, die mir aber in der Composition nicht gefallen, und sie gefallen mir darum nicht, weil sie nicht gut ausgetheilet, zu schwer und zu strotzend sind. Bey dem zahlreichen Gefolge fehlt die Weichung, welches dem kennerischen Auge, das Haltung gewohnt ist, ungemein wehe thut. —

Daß die Weichung aber nicht gut ist, verursachet dieses, daß die Lokalfarben überhaupt nicht gehörig angebracht sind; denn an der Zeichnung der hintern Figuren ist wirklich keine Schuld, indem sie gut —und selbst auch die Komposition gut ist. Bey diesem Bilde ist das Gewand besser als bey vielen andern Niederländischen Bildern; denn man kann von den Niederländischen Meistern überhaupt sagen, daß sie die Gewänder zu wenig studieret haben, um darinn eine Auswahl zu treffen.

Der rothe Paldachin ist schön, und die Drapperie ist fast durchgängig gut. Der rothe Mantel Caspers ist ausgezeichnet schön, noch schöner aber ist am Melchior der weiße Mantel. —

Die Luft ist gut *), und man kann von dem Kolorite dieses Bildes überhaupt sagen, daß es im Flamändischen Geschmacke sehr gut gemalt sey.

Auf

---

*) Es ist aber Schade, daß, da die Luft dämmernd ist, die übrigen Farben meistentheils zu helle sind.

Auf Leinwand 13 Fuß 5 Zoll hoch, und 9 Fuß
1 Zoll breit. Ganze Figuren über Lebensgröße.

Nr. 8. Eine an der rechten Brust verwundete
sterbende Frau sitzt auf dem Boden, und ihr Kind
saugt an der schlappen Brust, das sie hievon abzuhalten suchet. Der Maler nahm das Subjekt zu diesem
Bilde von einem alten unter den Thebanern sehr berühmten Maler Namens Aristides seinem Gemälde
her, wovon Plinius in seiner Naturgeschichte ungefähr dieses sagt: „Aristides ein Thebaner war der erste, der seine Stücke durch den Ausdruck der Seele,
der Empfindungen und Leidenschaften auszeichnete.
Sein Meisterstück ist eine von Feinden, die die Stadt
eroberten, verwundete sterbende Mutter, zu deren
Brust ihr unschuldvoller Säugling hinkriecht. Man
sieht der Mutter die schmerzliche, fürchterliche Ahn-
dung an, daß nicht das Kind nach ihrem Tode, wenn
die Brüste versiegen, Blut aus der Wunde sauge.‟

Philipp de Champagne *) blieb der Hauptidee
Aristides ziemlich getreu; es ist nur Schade, daß er
hier das Kolorit nicht mit mehrerer Lokalität und Geschmack zu bearbeiten trachtete. Das Gewand ist bey
weitem nicht so gut als bey dem vorhergehenden Bild
des Blomaerts.

Das Hinsinken der sterbenden Mutter ist gut, und
ihr Affekt ist zweckmäßig ausgedrückt.

Das hungrige Kind, saugend in kriegender Stellung ist auch gut vorgestellt.

Auf Leinwand 6 Fuß 9 Zoll breit, und 5 Fuß
11 Zoll hoch. Ganze Figuren über Lebensgröße.

L 5   Nr. 9.

*) Ist der nämliche Maler, der den herrlichen Adam
malte.

Nr. 9:   Von Otto Venius.   Die Mutter
Christi hält ihr Kind an sich, und sitzt am Fuße eines
prächtigen Gebäudes; zu ihrer Rechten befindet sich der
kleine Johann, der auf das Christkind deutet; von
oben bringen zwey Engel Früchte *); in der Ferne
sieht man einen Tempel und andere Gebäude.   In
dem Gesichte der Maria ist zu wenig Ausdruck; noch
weniger aber ist in dem Gesichte des Heilandes.   Am
linken Fuße bey dem nämlichen Kind ist die Kniescheis
be nicht allein zu scharf, sondern sie ist auch unrichtig
gezeichnet.   Der kleine Johann hingegen ist gut.   Das
Obergewand Mariens ist schön, und der blaue Mantel,
der über dem Schooß liegt, hat einige gute Brüche;
über dem Knie hingegen sind sie etwas zu felsicht.

Die Komposition der zwey Engel gefällt mir nicht;
sie bringen im Fluge Früchte, und sind Marien schon
so nahe, daß, da sie der Schnelligkeit ihres Fluges
noch keinen Einhalt thun, sie in der That dem beob=
achtenden Auge eine Besorgniß für Marien abzwin=
gen. **).

Die

*) Nur lauter Weintrauben. Mir scheint das Tragen im
Fliegen etwas unnatürlich zu seyn, und mir gefällt auch
die Wahl der Früchte nicht. — Für einen Dichter oder
für einen Maler mag der Rebensaft ganz gut seyn; aber
für heilige Personen ist dergleichen Begeisterung gewiß
überflüßig.

Am Vorgrunde sieht man einen ziemlich modernen
Korb von mittelmäßiger Größe, worinn ebenfalls Wein=
trauben sind, dabey sich ein grosser Apfel und ein weißes
Tuch befindet.

**) Die Engel sollten entfernter seyn, oder aber in ge=
genwärtiger Entfernung ihre Früchte schon abgesetzt
haben.

Die Muskulatur des Engels an der linken Seite
iſt durchgängig zu ſcharf, und ſein Gewand iſt rück-
wärts zu wollicht, und drucket zu ſehr; es ſollte rin-
ger ſeyn. Uebrigens iſt das Kolorit bey dieſem Bilde
um vieles beſſer als bey Nr. 2, und man erkennet
hier doch eher die Hand des Lehrmeiſters Rubens als
an der unglücklichen Glücksgöttinn. —

Auf Leinwand 6 Fuß 1 Zoll breit, 4 Fuß 3 Zoll
hoch. Schwach Lebensgröſſe.

Nr. 10. Von Remigius Lang-Jan. Merkur
auf einer Wolke mit dem Amor. Dieſer zeigt jenem
die Herſe, die mit ihren Geſpielinnen und Mägdchen
Blumen in den Tempel der Minerva, den man in der
Ferne ſieht, zum Opfer trägt. Hier iſt der ganze
Sinn Ovids verfehlet, indem nach ſeinen Worten die
Königstochter Cekrops mit ihren Jungfrauen von dem
Tempel der Pallas zurückkehrte, kam ihr Merkur entgegen, und umflog ſie in wiederholten Kreiſen. —
Und hier geht Herſe erſt opfern, und trägt ſelbſt ein
Körbchen mit Blumen — vermuthlich des Beyſpiels
wegen — und Merkur gleichet hier mehr einem Stöh-
rer der Andacht als einem gefälligen oder empfehlen-
den Menſchen — Denn ſeine Gemeinheit im Geſichte,
ſein ungeſchickter niederer Flug, ſeine düſtere faſt don-
nerbrütende Wolke, und noch auch die hie und da feu-
rige Luft, ſind ungezweifelt nicht die angenehmſten
Aſpekten. —

Palladis e templo redeuntes forte puellas

ſteht ausdrücklich im zweyten Buche Ovids. Und hier
ſagt die Kompoſition des Malers: „Hingehen zum
Tempel Minervens und von einem Dreiſsling, von
Merkur in der Andacht geſtöhret werden.” Heiſst dieſe

ses alles zusammengenommen vielleicht Anspruch auf ein seltnes Stück, weil es, wie in Hrn. Mechels Vorbericht seines Verzeichnisses der k. k. Bildergallerie in Belvedere steht, mit einem Sternchen bezeichnet ist, machen?

Aber wäre gleich dieses nicht, so ist selbst Herse hier zu wenig schön, denn Merkur eilte wegen ihrer hervorstechenden Schönheit herbey, und wählte sie aus der ganzen Anzahl. —

Protinus ex omni numero sibi deligit Herfen,
Quae reliquas formas vincit honore suae.

Ihr Kopf ist etwas zu groß — das Gesicht ist zu matt — enthält zu wenig Adel — und außer einem zahlreichen Gefolg fast gar nichts königliches *). Das Kolorit bey diesem Bilde ist am wenigsten zu tadeln.

Auf Leinwand 5 Fuß 8 Zoll breit, 3 Fuß 6 Zoll hoch. Ganze Figuren. Ein Drittel Lebensgrösse.

Nr. 11. Christus heilet den am Teiche Bethsaida acht und dreyßig Jahre lang gelegenen Kranken, und befiehlt ihm aufzustehen, und sein Bette zu nehmen.

Dieses Bild ist besonders schön gemalt, und es herrscht auch Ausdruck darinn. Es ist zu bedauren, daß hier auf die Hauptperson, auf Christus zu wenig gesehen wurde; indem gegenwärtig die Bedeutung für den Heiland zu unbedeutend ist. Ich fodre zwar nicht, und man kann es auch nicht — obwohl man es können sollte — der bedeutungsvollen Ausdruck, wie zum

---

*) Doch sie ist ja die weißeste unter ihrem Frauenzimmer! — das ist sie; aber ist sie darum wohl weiser oder königlicher? —

z. B. an dem berühmten Chriſtuskopf, der für ein Werk des Leonhard da Vinci *) ausgegeben wird, auch von einem andern Maler fodern. — Ich gehe hievon ab, und ſage nur, daß an dem gegenwärtigen Chriſtus der Bauch zu völlig, der Schenkel an der linken Seite beträchtlich zu lang, und der Fuß daran, den Sturz abgerechnet, dennoch zu kurz ſey **). An der nämlichen Seite iſt der Vorfuß zu ſchmal; wiewohl ein genauerer Kunſtrichter als ich, an dem Vorfuß zur Rechten auch finden dürfte, daß er nach dem Verhältniß der Länge der Figur, vom Riſt an bis zur kleinen Zehe zu geſchmeidig ſey.

Auf dem Bilde ſteht, daß es Peter van Lint verfertigte.

Auf Holz 2 Fuß 6 Zoll breit, und 1 Fuß 6 Zoll hoch. Kleine Figuren.

Nr. 12. Von Johann Stradanus. Ein Göttermahl in einer Felſenhöhle. In der Ferne ſieht man

---

*) Von dieſem Maler ſoll der herrliche Chriſtuskopf, der in der fürſtl. Lichtenſteiniſchen Bildergallerie zu Wien aufbewahret iſt, von welchem Winkelmann ſo viel ſagt, ſeyn. Es wäre äußerſt unverſchämt, dem ſchöpferiſchen Genie eines Leonhard da Vinci die Fähigkeit abſprechen zu wollen, daß ein ſo ausdruckvoller Kopf nicht von ihm ſeyn könnte — Mich deucht nur, daß ich an dieſem Gemälde mehr den Pinſelſtrich eines Paulo Romazo, der ein vortrefflicher Schüler von ihm war, als eines Vinci gewahr wurde. —

**) Es dienet zur komiſchen Aushülfe des Malers, daß, weil er den Schenkel zu lang gemacht, er dagegen den Fuß kürzer hielt. —

man den Neptun auf seinem Wagen mit der Amphi-
trite auf der offenen See fahren.

Die Tafel, woran einige Götter sitzen, ist zu
klein; — dies mag ungefähr die Ursache seyn, warum
man die übrigen stehen sieht. —

Das Bild aber ist schön gemalt, und bringt dem
Koloristen allerdings Ehre.

Ein paar Kleinigkeiten, als z. B. daß die Am-
phittrite in ihrer sehr unnatürlichen Stellung den Arm
an der rechten Seite verrenken müßte, und daß ihr
Fuß an der nämlichen Seite zu hölzern ist, kommen
gegen das Ganze gar nicht in Erwägung.

Auf Kupfer 2 Fuß 6 Zoll breit, 1 Fuß 6 Zoll
hoch. Kleine Figuren.

Nr. 13. Von Theodor van Thulden. Die
Mutter Christi sitzt auf einem Thron, und empfängt
nebst ihrem Kinde die Huldigung von drey Niederländischen Provinzen, nämlich; Flandern, Hennegau
und Brabant, die durch weibliche Figuren, deren jede ein Wappenschild hält, vorgestellet sind. Ueber
ihnen schweben zwey kleine Engel in der Glorie; einer
trägt die Gesetzbücher, der andere streuet Münzen aus
einem Füllhorn herab. Auf dem Gemälde steht
T. van Thulden fec. A. 1654.

Die Miene Mariens spricht nicht allein Güte
und Sanftmuth, sondern nebst diesen menschlichen Ei-
genschaften bricht auch eine englische Holdseligkeit hervor, die das Gesicht eines Weibes zur sichtbaren —
der Gebenedeyten unter den Weibern — zur Mutter Christi präget. — Mariens Körper hingegen ist
zu völlig, und verräth statt der jungfräulichen Mäßig-
keit eine gehabte hausmütterliche, sehr haftharte
Kost-

Kost. — Die rechte Hand Mariens ist verzeichnet, und ihr linker Arm um etwas zu kurz.

Es ist zwar nur eine Kleinigkeit, aber es thut dem ungeachtet dem Auge des Beobachters wehe, daß das Augbram bey Marien an der rechten Seite zu hoch ist. Die mittere der drey weiblichen Figuren gefällt mir am besten. Ihr Affekt spricht im Reigen Ehrfurcht, die die Unterwürfigkeit gegen den Heiland und Marien ganz genau bezeichnet. Das rothe Gewand an der Figur Mariens zur rechten ist das beßte; denn das weiße an der mittern Figur ist außer einigen guten Brüchen zu felsicht, und das an der dritten Figur ist durchgängig nur mittelmäßig. Bey der mittern Figur ist ein Kind, das mehr einem Bauernbübchen als einem Engel gleichet; und seine Flügelchen sind so klein, daß sie hier mehr ein Attribut, als ein unmittelbares karakteristisches Werkzeug zu seyn scheinen. An seiner rechten Seite ist auch noch der Platz desselben verfehlet; denn das Flügelchen, das aus ein paar Federn besteht, ist an die Achsel statt an das Schulterblatt gesetzt. — Die zwey Engel in der Glorie sind zu matt, und der an der rechten Seite ist am Leibe sehr verzeichnet.

Der Geldausstreuende Engel scheint wider die Delikatesse ehrwürdiger Empfindungen gegen den Heiland zu seyn. Das erhabenste Kind soll an Metall, an Münzen ein Wohlgefallen haben — wer wird so materiell denken? — Freylich ist das Christkind hier matt und zu kindisch vorgestellet. Aber es kömmt hier nicht das gegenwärtig vorgestellte Kind, als vielmehr das vorzustellende — und die widersinnige Allegorie, als sonst was in Betracht. — Um die Mühe der Veränderung zu ersparen, gab der Maler jeder Provinz gleis

gleiches Wappen; ſo führt zwar Flandern, Hennegau
und Brabant einen Löwen; aber nicht allein die Form
des Schildes, die Farbe der Löwen, ſondern auch die
Felder müſſen unterſchieden ſeyn. An gegenwärtigen
Wappen ſind die drey Löwen alle gleich, matt gelb,
und rechtsaufſteigend, da doch Flandern einen ſchwar⸗
zen, linksaufſteigenden in goldenem Felde; Hennegau
zwar auch einen ſchwarzen aber rechtsaufſteigenden und
ebenfalls in goldenem Felde, und Brabant hingegen
einen goldenen in ſchwarzem Felde aber auch rechtsauf⸗
ſteigenden Löwen führet. Alle drey müſſen mit einer
ausſteckenden rothen Zunge gemalt werden *).

Bey

*) Hier muß es den Künſtlern, die Feinde der Lektur ſind,
auffallend ſeyn, wie nothwendig, ja wie unumgänglich
nöthig dem Künſtler das Leſen ſey. Es giebt aber un⸗
zählige Fälle, wo der Maler und wo der bildende Künſt⸗
ler überhaupt ohne Wiſſenſchaft keinen Schritt ohne zu
gleiten vornehmen kann — Dem Philoſophen iſt es das
widerſinnigſte Märchen einen Künſtler ohne Wiſſenſchaft
zu denken — Er begreift unter dem Worte Kunſt eine
zur Wirklichkeit gebrachte Wiſſenſchaft — Und ſollte er
wohl unter dem Worte Künſtler keinen wiſſenſchaftli⸗
chen — mit Kenntniſſen verſehenen und ausgebildeten
Menſchen verſtehen dürfen? — Die bloß mechaniſche
Kenntniß der Kunſt macht den Maler nur zum Farben⸗
geber und nicht zum Künſtler — oder, welches für den
Nachdenker beſſer geſagt iſt, macht den Farbengeber noch
nicht zum Maler, denn dieſer iſt ſchon Künſtler, da je⸗
ner noch Schüler iſt — Wenn der Pinſel nicht in den
Verſtand getaucht iſt: ſo geht bey dem Denker die
Schätzung für den Maler verlohren, und dieſer Verluſt
des edelſten Lohns kann — oder ſoll für den Kunſtge⸗
hößnen gleichgültig ſeyn? ⸗

Bey dieſem Bilde iſt das Kolorit noch das Beßte. —

Auf Leinwand 6 Fuß 2 Zoll hoch, breit 5 Fuß
6 Zoll. Ganze Figuren. Lebensgröße.

Nr. 14. Philemon und Baucis, bewirthen
den Jupiter und Merkur.

An dieſem Nachtſtücke iſt die Gruppirung gut,
und es herrſchet viel Ausdruck darinn. Auffallend ko-
miſch iſt mir aber die ſich dem Jupiter genahte Gans;
— ſie ſoll doch nicht etwa die Stelle des Adlers, der
hier nicht zugegen ſeyn darf, erſetzen? — Sie will
ſich auf den Tiſch ſchwingen; aber Baucis Sorgfalt
hält ſie hievon ab, indem ſie dieſelbe rechts am Flü-
gel faßt, und der Geſellſchaft entzieht, die eine lebende Gans am wenigſten vermiſſet. — Das Kolorit
bey dieſem Gemälde iſt ſowohl in der Manier als in
der Kunſt kräftig.

Jakob Jordaens verfertigte dieſes Bild.

Auf Leinwand 5 Fuß 10 Zoll breit, und 5 Fuß
2 Zoll hoch: Ganze Figuren: Lebensgröße:

———————

§.

Nachricht von Hrn. Prof. Hauzingers Kunſt und Kunſtwerken *).

Herr Joſeph Hauzinger ward 1728 zu Wien geboren. Bevor er noch ſeine klaßiſchen Studien
voll-

*) Aus Hrn. Riglers wöchentlicher Anzeige von Künſtern
und Kunſtſachen.

vollendete, verlohr er seinen Vater 1740. Auf ge-
wisse Art sich selbst überlassen, folgte er seinem Hang,
verließ die Studien, und legte sich gänzlich aufs Zeich-
nen; besuchte die Akademie fleißig unter Jakob van
Schuppen und sodann unter Troger. Paul Troger
und Daniel Gran *) waren seine Lieblingsmeister, welche er öfters besuchte, und von ihrem Unterrichte den
beßten Nutzen zog.

Mit Trogern gieng er 1751 nach Salzburg, und
arbeitete bey Verfertigung der Sebastianskirche unter
seiner Direktion in Fresko.

1757 wurde er nach Brixen in Tyrol berufen,
um die Pfarrkirche zu malen. Diese war von Fres-
kogemälden seine erste Arbeit, welche er allein un-
ternahm.

1759. Bey der Mariahilfkirche, wo er die Direktion hatte, hat Strattmann angefangen, aber
er das meiste ausgemalt; Troger hatte hiebey das

Pres-

*) Ist der große und berühmte Freskomaler, der in der
k. k. Hofbibliothek in Wien die herrliche Decke malte,
wodurch er sich unsterblich machte. Er ward zu Wien
1695 geboren. Seinen Namen liest man meistentheils
Französisiret, als le Gran, Grain, Green. Hingegen
aber auch ein berühmter Maler und zugleich Formschnei-
der von Gemünd gebürtig nannte sich Green. Dieser
ist bald unter dem Namen Baldung, bald als Grien,
und auch als Gruen mit dem Taufnamen Johann bekannt; noch bekannter aber als Hanns. Diesen Maler
aber muß man nicht etwa mit unserm Daniel Gran ver-
wechseln wollen. — Green (Valentin und Benjamin)
zwey Engelländische Kupferstecher; beyde thaten sich in
der Schab- oder Schwarzkunst hervor, und Valentin ist
hierinnen unstreitig einer der größten Meister.

Presbyterium verfertiget, weil er aber Alters wegen die übrigen Theile der Kirche nicht unternehmen konnte: wurde die gänzliche Ausführung Hrn. Hauzinger überlassen.

Sodenn malte er die Schloßkapelle zu Preßburg 1763.

1768 die Schloßkirche zu Ofen.

In Tyrnau den Universitätssaal, in welchem die vier Fakultäten mit ihren Attributen vorgestellt sind 1771. Aus dieser Arbeit erkennet man Hrn. Hauzingers Genie im Freskomalen am auffallendsten.

Letztens malte er die neue Kapelle des Heil. König Stephans in Ofen 1778.

Seine Oelgemälde betreffend, nur der grössern zu erwähnen, so malte er 1. den Heil. Anton mit Maria und dem Christkind nach Ensbrunn 1754.

2. Den gekreuzigten Heiland mit Magdalena unter dem Kreuze, und wie Johannes die ohnmächtige Maria in seinen Armen hält. 1756 nach Geras geschickt.

3. Verfertigte er nach Pest in Ungarn in das Invalidenhaus auch eine Kreuzigung unsers Herrn mit Maria, Johannes, und Magdalena 1765. 21 Schuh hoch. 10 Schuh 8 Zoll breit.

Und alsdenn 4. hiezu 2 Seitenblätter, den heil. Johannes a Deo, wie er Christo die Füße wäscht, und die heil. Anna. Auch 1765 gemalt.

5. Abermal und eine eben so grosse Kreuzigung mit Maria, Johannes, und Magdalena nach Ofen 1766.

6. Ein kleines Blättchen die heil. Thesia nach Theresienfeld. 1766.

7. 3 grosse Blätter nach Szegedin, eines den heil. Anton, das zweyte den heil. Franz Seraph, und das dritte die Erhebung des heil. Johann von Nepomuck aus der Moldau. 1774.

Was die Porträtte betrift, so hat er in Lebensgrösse verfertiget: 1. die Erzherzoginn Amalia vermalige Infantin von Parma, und 2. die Großherzoginn, beyde nach Inspruck 1767.

3. Den König von Neapel nach Rußland. 1778.

Lebensgrosse Konversationsstücke: Kaiser Joseph II. und Maria Theresia nach Preßburg. Beyde in Ungarischem Ordenshabit gemalt. 1773.

Alsdenn auf einem Bilde die Florentinische Familie. 1775. Auf dem zweytem wieder unsern allergnädigsten Monarchen mit der Erzherzoginn Maria Anna und Elisabeth. Und auf dem dritten Bilde ist der König in Frankreich Louis XVI., die Königinn Antonia und der Erzherzog Maximilian. 1777 gemalt.

1780. Ein grosses metallartiges Basrelief für die k. k. Bildergallerie verfertiget.

Sein letztes und ansehnlichstes Oelgemälde ist das Altarblatt, wo Jesus mit Maria und Joseph nach Jerusalem hinaufziehet, 1782 gemalt, 22 Schuh hoch, und 10 Schuh 8 Zoll breit; aufbewahrt in dem untern k. k. Belvedergebäude, im dortigen Bildermagazin. Wer die Vorstellung dreyer so merkwürdiger Personen als Jesus Maria und Joseph ist, so bedeutungsvoll vorzustellen weiß, wie sie da vorgestellet sind, ist in meinem Sinn ein Seelenmaler, der Hoheit des Geistes durch den Materialismus brechen läßt; — und nicht allein schon im Auge, sondern auch in den übrigen

gen

gen handelnden Gliedern die abzweckende Mitwirkung
zur Hauptbedeutung der Handlung anzeiget.

Ich erinnere mich einer hieher passenden Stelle
Mengs, die er über Raphaels besondere Kunst des
Ausdruckes der Bedeutung anführet *), „auf diese
Weise dachte Raphael in jedem Werke, in jeder Grup-
pe, Figur, Gliede und Gliedesgliede, bis auf die
Haare und Gewänder.‟ Raphael, der Meister der
Bedeutung, dürfte hierinn mehrere Schüler haben,
und die Bewährung würde offenbarer, daß der kühne
Nachflug dem dichterischen Geist des Malers ganz neue
Schwungkraft giebt, und ihn — wenn er ihn gleich
Raphaeken nicht gleich bringt — dennoch näher führt,
und ihm näher, — denselben noch mehr anstaunen
lernt. —

In Pastel verschiedene Gemälde, worunter zwey
Konversationsstücke von Kindern, die vorher in dem
Kabinet Ihrer Majestät der Kaiserinn, nun aber in
einem Kabinet der k. k. Bildergallerie im Belvedere sich
befinden. 1770 verfertiget.

Ein Portrait eines Knaben, der mit einem Scher-
chen etwas ausschneidet. Der Kompagnon ein kleines
Mädchen, die sich mit Haubenheften beschäftigt, 1771
gemalt. Beyde Stücke hat der junge Graf v. Traut-
mansdorf dermaliger kaiserl. auch königl. Gesandter von
Böhmen zu Regensburg.

Bey Sr. Exzell. Grafen Franz von Kollowrath
k. k. Münz- und Bergwesens Präsidenten befinden sich
zwey Portraite, eines studierenden Knaben, und eines
Mädchens, das sich mit Schreiben beschäftiget. Verfertigt 1772.

M 3

Im

*) In seinem Werkgen: Gedanken über die Schönheit
und über den Geschmack ꝛc. S. 100.

Im nämlichen Jahre auch zwey Basreliefe von Kindern, die Se. fürstl. Durchl. von Gallizin besitzet.

Herr Hauzinger wurde 1761 zum k. k. Hoflammermaler ernennet, und 1769 zum Interimsprofessor der Akademie. 1772 den 15. Oktober wurde er aber wirklicher Professor, welche Ehren- und Belohnungsstelle er noch ruhmvoll begleitet.

Von diesem grossen Künstler seinen letzteren Arbeiten sind auch einige Stücke auf Basreliefart vorräthig; als in Pastel Kinder auf Gyps- und Bronsart. In Oel auf Bronsart den heil. Lorenz wie er gepeinigt wird. 2 Stücke, das Portrait Pabst Pius VI., eines auf Gyps- und das andere auf Metallart. Und noch auch die Samaritanerin mit Christus am Brunnen, nach dem Donnerischen Basrelief auf Gypsart gemalt.

Herr Hauzinger wohnt in der Stadt am Salzgries im spitzellrammerischen Hause Nr. 342 im vierten Stock.

6.

Vermischte Nachrichten.

I.

Coburg im May 1784. Vor einigen Monaten kam Hr. Rauscher, ein geschickter Maler, von Düsseldorf, wo er einige Jahre die Gallerie genutzt hatte, hierher in seine Vaterstadt zurück. Sein Name und seine Arbeiten verdienen bekannt zu werden.

ten. Sein Fleiß und seine Liebe geht hauptsächlich
auf Landschaften, wo er nicht nur an Erfindung und
Anordnung reich und glücklich, sondern auch in der Aus:
führung und dem Colorit gleich wahr und reitzend ist.
Seine Figuren, die so wenig Landschaftmalern gut ge:
rathen, sind richtig und gefällig, weil er zugleich ein
sehr guter Zeichner ist; das Vieh arbeitet er nach Berg:
hems Manier, den er überhaupt sehr gut studirt hat.
Da er ganz unermüdet in seiner Kunst ist, an die ihn
noch der Umstand unabläßig fesselt, daß er in der Ju:
gend sein Gehör gänzlich verloren hat, und keine an:
dere Zerstreuung suchen kann; so läßt sich von ihm und
seiner glücklichen Anlage zur Kunst, etwas ganz vor:
züglices in der Zukunft erwarten.

2.

Hannover, den 19. April 1784. Die Acade:
mie de Peinture & de Sculpture zu Cassel, hat den
hiesigen Hofkupferstecher Hrn. Ganz zu ihrem Mit:
gliede erwählt, eine Ehre, die um so auszeichnender
und schätzbarer wird, da sie demselben, ohne darum
nachgesucht zu haben, ertheilet worden ist. Von die:
sem geschmackvollen Künstler, haben wir in diesen Ta:
gen das Portrait des am 3ten d. M. verstorbenen,
in seiner Kunst so geschickten, und als wahrer Men:
schenfreund so durchgängig beliebten Oberhofroßarztes
und Lehrers der Vieharzneywissenschaft hier, Hrn.
Kerstings, in einem Stiche erhalten, der dem Künst:
ler auf alle Weise Ehre macht, und den allgemein ge:
fundenen Beyfall verdienet, obgleich das grosse Ver:
langen des Publikums, dies Portrait eines so geschätz:
ten Mannes zu erhalten, eine etwas flüchtige Behand:
lung und Eilfertigkeit scheint veranlaßt zu haben. Die

M 4 Zeich:

Zeichnung wonach dies Kupfer gestochen worden, ist
von einem hoffnungsvollen Jüngling, von dem ich
nächstens etwas mehreres ertheilen werde.

S — y.

3.

Wien. Joseph und Anton Hikl kamen im vo-
rigen Jahr zu gleicher Zeit hierher. Dem letzten dan-
ken wir ein Portrait unsrer liebenswürdigen Sacco;
ein Stück, das ohne Zweifel unter die Brillanten
Denkmahle der Kunst gehört. Sein Bruder Joseph
aber trieb's noch weiter; er nahm ein Bild von Correggio her, entdeckte Fehler, verbesserte sie; und
kühn wie das Genie, setzte er am Rande des Bildes
die Worte hin: Correggio pinxit: Iosephus Hikl
correxit!!!

4.

Frankenthal am 28sten April 1784. Im 16.
Heft der artistischen Miscellancen S. 199 und 200
wird unter andern Anstalten unsres Durchlauchtigsten
Kurfürsten auch der hiesigen Porzellanfabrik erwähnt,
und ihr ein vorzügliches Lob ertheilt. Empfangen Sie
dafür warmen Dank; verargen aber übrigens nicht,
wenn hiermit der am Ende eingeflossene Irrthum ge-
rügt wird, als wenn der Kurfürst die Fabrik ganz allein zur Pracht und für sich hielte, weswegen auch die
Waarenpreise so hoch stünden, daß sie ein Privat-
mann selten kaufen könnte, und unter andern hier sehr
schön gemalte Tassen um 30 Gulden im Tax stünden.
Die Vergleichung des hiesigen gedruckten Tarifs mit
dem Dresdner beweiset, daß jener gegen diesen im
Durchschnitt wenigstens um ein Drittheil geringer ist,

und

und ist gewiß bey der, selbst am angeführten Ort ge
rühmten Schönheit der Waaren im Stof und Malerey, gewiß kein übertriebener Preiß. Grosse hohe
Bouillonbecher oder Taffen mit Deckel und Unterschaa-
len, reich an vorzüglicher Mälerey und Vergoldung,
mag Ihr Freund wohl im Preise von 30 Gulden ge
sehn haben, dergleichen können auch in noch höhern
Preisen verfertigt werden; und dies ist freylich auch
kein Artikel für einen nicht hinreichend bemittelten Pri
vatmann. Hingegen hat dieser die Auswahl unter
weit minder kostbaren, besonders aber Kaffeegeschirr,
wo ein Paar von 15 Kreutzern bis zu 4 Gulden nach
der stufenweisen Schönheit und Kunst verkauft
wird.

5.

Wien. Am 24sten May 1784 wurden bey der
k. k. Akademie der bildenden Künste die von dem sel.
kaif. geheimen Reichshofreferendar Paul Anton von
Gundel, als Rathsmitglied der Akademie, derselben
Legirten, und den jüngern Schülern sämmtlicher
Kunstklassen bestimmten jährlichen Aneiferungspreise
zum erstenmal ausgetheilt. Die Aufgabe für die Zeichner bey den Antiken war, die Nachzeichnung eines
vom Pompejo Pattoni mit zwey Kreiden schraffirten
sogenannten Aktes; von den Mitwerbern erhielt dafür
den ersten Preis Thomas Klimesch, aus Mähren ge
bürtig, und den zweyten Franz Wolf, aus Oberun
garn. Die Zeichner bey den Anfangsgründen hatten
ebenfalls einen dergleichen Akt, nach der Zeichnung
des Lehrers, Hrn. Hauzingers zu verfertigen; der erste Preis wurde dem Joseph Abel, aus Oberöstreich
gebürtig, und der zweyte dem Johann Lippert, aus

M 5, Böh-

Böhmen, zuerkannt. Die Bildhauer boßirten den Antikenkopf der Niobe in Thon, und entwarfen den Umriß deſſelben auf Papier. Die Arbeit des Franz Reiners, von Salzburg gebürtig, erhielt den erſten, und die des Norbet Moraweck, aus Böhmen geb. den zweyten Preis. In der Architekturklaſſe, für die richtigſte Nachzeichnung eines von den vorräthigen Stuben, wurde der erſte Preis dem Gabriel Tnetzky, aus Ungarn gebürtig, und der zweyte dem Dominik Lutſchera, einem Mährer, ertheilt. Für die Landſchaftzeichner war die Aufgabe, eine Landſchaft aus vorhandenen Stuben zuſammenzuſetzen. Die Preiſe wurden auch in dieſer Klaſſe dem Johann Lippert, und Joſeph Abel zugetheilt. Die Schüler der Erzverſchneiderklaſſe, hatten von Wachs Vaſen im Basrelief auf Schiefertafeln zu boßiren. Den erſten Preis erhielt Karl Kriuzinger, von Wien, und den zweyten Kaſimir Burckeis, aus dem Reiche gebürtig. In der Kupferſtecherklaſſe war ein gemaltes Akademiſches Aufnahmſtück nachzuzeichnen. Hievon wurde der erſte Preis dem Johann Grettler, und der zweyte dem Vinzenz Kiemlinger, zwey Wienern, zuerkannt. — Bey dieſer Gelegenheit hielt der adjungirte Sekretär der Akademie, Hr. Anton Weinkopf eine Anrede an die Kunſtbefliſſenen, worinn er dieſelben zum Danke, den ſie dem Staate für ihren Unterricht, und dem wohlthätigen Stifter dieſer jährlichen Prämien ſchuldig ſind, freundſchaftlich aneiferte.

6.

Ein geſchickter Maler zu Neapel, der ein Böhme von Geburt iſt, hat folgendes allegoriſches Gemälde, welches die denkwürdigſten Handlungen des römiſchen

Kaiſers

Kaisers vorstellt, verfertigt. In einem majestätischen
Anstande und in altdeutscher Kleidung erblickt man auf
demselben den Monarchen. In der rechten Hand
hält er eine Eichenkrone, und die linke senkt er, um
zu zeigen, daß er unter seinen Unterthanen die Handlung, die Schiffahrt und die Arbeitsamkeit erweckt,
deren Attribute zu seinen Füßen liegen. Weiter rück-
wärts auf der einen Seite ist der Fürst Kaunitz im
Consulathabtre, mit dem Gesetzbuche in der Hand,
auf der andern der Feldmarschall Graf von Lascy in
alter Kriegskleidung, der sich auf seinen Degen lehnet.
Hierauf folgen zwey Basreliefs, davon das erste die
Toleranz vorstellet, auf welchem man die herrschende
Religion mit der Tiare auf dem Kopfe erblickt, welche
die beyden protestantischen Religionen, deren jede einen Kranz in der Hand hält, zum Kayser führt, welcher sie mit Wohlgefallen aufnimmt und ihnen ein Zeichen giebt, sich ihm zu nähern. Dem Monarchen zur
Seite steht die Weisheit, Gerechtigkeit und wohlthätige Liebe. Gegenüber sieht man die Wappen von
Rußland, Sachsen, Irland und andern Völkerschaf-
ten, um auszudrücken, daß dieselben dieser grossen
Handlung ihren Beyfall geben, und auch unter ihrem
Volke den Geist einer gleichen Toleranz einzuführen
suchen. Das zweyte Basrelif zeigt, die von den Unterthanen des Königreichs Böhmen umgeben- Statue
des Kaisers, welche dieselbe, um ihre Dankbarkeit für
die wieder erlangte Freyheit, die er ihnen geschenkt,
zu erkennen zu geben, mit Blumenkränzen krönen.
Einige derselben schwingen zum Zeichen ihrer Freude,
tanzend und jubilirend ihre Hüte, und andere zerbre-
chen das Joch, womit sie zuvor als Sclaven zur Arbeit ihrer Lehnherrn gerufen worden sind. Einige junge

ge Bauernburſche überreichen ihren Bräuten den Ehe=
ring, als deren Wahl jetzt bloß von dem Gefallen ih=
rer Herzen abhängt. In der Ferne ſteht eine Hütte,
um das Eigenthum auszudrücken. An der einen Sei=
te ſieht man Böhmen, welches ſich auf ſeinen Schild
lehnet, mit dem Hute in der Hand, um eine beſchei=
dene, wohlgeordnete Freyheit anzuzeigen, voll Ent=
zücken über das Glück, welches ſeinen Söhnen zu Theil
worden. Oben darüber ſteht man zween Adler, die
auf Donnerkeulen ruhen, um die Strafe derjenigen
anzuzeigen, welche das allgemeine Wohl des Staats
und der Unterthanen ſtören würden.

7.

Einem geehrten Publikum ſoll ich Endesunterzeich=
neter eine Sammlung von faſt 900 Kupferſtichen,
die hier als Tapet, in einem Zimmer anzutreffen iſt,
gegen billigen Preiß anbieten. Sie beſteht größtem=
theils aus Portraits, unter welchen die beym Weſt=
phäliſchen Friedensſchluß gegenwärtig geweſene Geſand=
ten — eine Sammlung alter berühmter Gelehrten
und Ketzer, und eine Sammlung von alten berühmten
Malern, Kupferſtechern und Bildhauern, den Lieb=
habern alter Sachen, der Zeichenkunſt und Malerey
beſonders gefallen werden. Außerdem ſind noch meh=
rere empfehlenswürdige Stiche vorhanden. Es wäre
zu wünſchen, daß ſich ein Liebhaber fände, damit
dieſe ſchöne Sammlung nicht zerſtreuet würde. Ich
werde jeden Auftrag aufs genaueſte beſorgen, doch
bitte ich mir dabey die Briefe franco aus. Ohedruff
ohnweit Gotha den 1. Auguſt 1784.

Koch, Diac.

8.

8.

Hannover. Der hieſige Maler Hr. Rehberg, der ſich verſchiedene Jahre in Rom aufgehalten hat, ein junger geſchickter Mann, gehet mit einem Gehalt von 300 Rthl: nach Deſſau ans Philanthropin. Er hat ſich durch die verfertigten Portraite des Biſchofs von Osnabrück und des Prinzen William, königlichen Hoheiten, ſehr groſſen Beyfall erworben.

9.

Wien, am 26. Jun. 1784. Der k. k. Hoftus pferſtecher und Direktor der hieſigen k. k. Kupferſtechers ſchule, wie auch aller bürgerlichen Zeichenſchulen in den k. k. Erblanden, Hr. Jakob Schmutzer, hat ſo eben ein neues Kunſtwerk vollendet. Das Original deſſelben war ein Gemälde des P. P. Rubens, welches den heil. Ambroſius vorſtellet, wie er dem Kaiſer Theodoſius den Eintritt in die Kirche zu Mayland verſaget. Es befindet ſich in der k. k. Bildergallerie im Belvedere. Es kann zum Gegenſtücke ſeines vor einigen Jahren ebenfalls nach Rubens geſtochenen Mutius Scävola dienen. So vollkommen nach dem Urtheile aller Kenner in Europa, die Arbeit des Künſtlers an letzterem Stücke iſt, ſo hat er dieſelbe bey gegenwärtigem, im Ausdrucke des Geiſtes und des Kolorites ſeines Originals, noch weit übertroffen.

10.

Erlangen. Herr Chriſtoph Wilhelm Bock, in Nürnberg, deſſen Vorhaben, eine Suite von Bildniſſen nach den Malereyen und Handriſſen groſſer Meiſter zu liefern, ich im 19ten Heft S. 60 u. ſ. bekannt machte, und zugleich das erſte Blatt: der Freymüthige,

thige, rühmte, hat nun in dieſem Jahr das 2te und
3te Blatt herausgegeben.   Jenes ſtellet den Empfind:
ſamen vor, nach van Dyk in der kurfürſtl. Gallerie
zu München: dieſes aber den Gelaſſenen, nach dem
Kopf eines Bettlers an den St. Johanneskirchhof bey
Nürnberg gezeichnet und geſtochen. Beyde Blätter
ſind würdige Begleiter des Freymüthigen, ſind eben
ſo kraftvoll und brav ausgearbeitet, als dieſer.   Ich
bin verſichert, daß es keinem Kunſtliebhaber gereuen
werde, ſich dieſe ſo ſchön angefangene Reihe von Kö:
pfen angeſchafft zu haben.   Es wäre zu wünſchen, daß
Beſitzer guter Originalien ſie durch dieſen geſchickten
Meiſter möchten vervielfältigen laſſen: von ſeiner Be:
reitwilligkeit hierzu, bin ich überzeugt.   Ich habe
auch ſein eigenes, von ihm nach Moeſinern in Kupfer
geſtochenes Bildniß vor mir liegen, gleichfalls trefflich
gearbeitet, zu Mecheln 1777.   Man ſiehet auch dar:
aus, daß dieſer Künſtler in Nürnberg 1755 gebohren
iſt, und ich kann hinzuſetzen, daß er ſich nach Schmu:
tzern zu Wien, vornämlich aber nach Oeſern, Bau:
ſen und Geyſern in Leipzig gebildet hat.

Ein andrer Nürnbergiſcher Künſtler, Herr Stadt:
tapezierer Möglich, hat vor kurzem das Bildniß des
Hrn. Predigers Cnopf, der im gegenwärtigem Jahre
als zweyter Prediger der beyden Evangeliſchen Gemei:
nen nach Wien abgegangen iſt, ungemein ſauber in
Kupfer geſtochen, und es als ein Denkmahl der Freund:
ſchaft und Hochachtung dieſem wackern Manne gewid:
met.   Wenn man bedenkt, daß dieſer Künſtler ſich
faſt ganz allein ſelbſt gebildet hat, und Kupferſtechen
nur als Nebengeſchäft treibt; ſo wundert man ſich de:
ſto mehr, daß er es hierinn höher gebracht hat, als
viele

viele andre, die aus dem Kupferstechen ihr Hauptstus dium machen.

7.
Todesfälle.

1.

Arnstadt. Die deutsche Kunst hat durch unsern braven Bildhauer Joh. Friedr. Boehler, einen wichtigen Verlust erlitten. Die artistische Welt wird ihn aus Ihren Miscellaneen Heft X. S. 195. 216 kennen, und Liebhaber und Kenner, die seine kleine Arbeiten gesehen haben, oder welche davon besitzen, werden es jetzt bedauren, daß sie den Fleis dieses nie genug geschätzten Mannes nicht besser benutzt haben. Er starb den 17ten May an einem Schlagfluß. Bis an sein Ende beschäftigte ihn seine Kunst so lebhaft, daß er nie den Druck der Dürftigkeit und Nichtschätzung fühlte, unter welchem er sich so mühsam fortwinden muste. Leider das Schicksal mehrerer Künstler in Deutschland! Die Nachwelt wird indessen gegen sein Andenken gerechter seyn, als seine Zeitgenossen es gegen ihn selbst waren, und den Werth seiner Meisterstücke besser zu schätzen wissen. B.

2.

Berlin. Am 19. Julius 1784 starb allhier Hr. Nathanael Diemar, ein guter Miniaturmaler, dessen Verdienste ihm die Aufnahme in die hiesige königl. Akademie der freyen Künste zuwege gebracht hatte, an einem auszehrenden Fieber, im 49. Jahr seines Lebens.

Jnn

Innhalts-Anzeige

dieſes Ein und zwanzigſten Hefts.